反内卷学习法

梅芬芬 ◎著

航空工业出版社
北京

内 容 提 要

在如今这个教育竞争白热化的时代，“内卷”似乎成了学生们难以逃脱的旋涡。那么，有没有一种方法能够让我们打破这种内卷的困境，实现高效学习呢？答案是肯定的。这就是我们编写本书的初衷。

在本书中，我们为大家精心整理了26个经过实践检验、行之有效的高效学习方法，如费曼学习法、西蒙学习法、艾宾浩斯记忆法等，这些方法并不是什么高深莫测的理论，而是实实在在，接地气，能够让大家在日常学习中轻松运用的技巧，涵盖了时间管理、预习复习、笔记整理、错题管理等多个关键学习环节。同时，书中对每一种方法都提供了名词解释、操作步骤和实战训练，这是一本极具实用性与指导性的学习宝典。

图书在版编目（CIP）数据

反内卷学习法 / 梅芬芬著. -- 北京：航空工业出版社，2025.6. -- ISBN 978-7-5165-4157-9

I. G442-49

中国国家版本馆CIP数据核字第2025T14J80号

反内卷学习法
Fanneijuan Xuexifa

航空工业出版社出版发行
（北京市朝阳区京顺路 5 号曙光大厦 C 座四层　100028）
发行部电话：010-85672688　010-85672689　　读者服务热线：010-85672635

唐山楠萍印务有限公司印刷　　全国各地新华书店经售
2025 年 6 月第 1 版　　2025 年 6 月第 1 次印刷
开本：680×960　1/16　　字数：120 千字
印张：7　　定价：58.00 元

反内卷

告别无效内卷
拥抱高效学习

在当今竞争激烈的学习环境中，“内卷”已然成为学生群体中一个高频热词。无论是书桌前挑灯夜战的小学生，还是备考大军中疲惫奔波的中学生，亦或是在高等学府为学术和未来拼搏的大学生，都难以逃脱内卷带来的巨大压力。

你是否有过这样的经历：每天早早地来到学校，晚上拖着沉重的步伐回家，课余时间被各种补习班、辅导班填满，周末也不得清闲，不是在奔赴课外培训班的路上，就是在书桌前埋头苦学。可即便如此，成绩的提升却微乎其微，付出的努力似乎并没有得到应有的回报。在班级里，同学们之间暗暗较劲，你追我赶，只要有一个人多学了一会儿，其他人就会立刻跟上，生怕自己落后一步。这种无形的压力，如同一张密不透风的网，将大家紧紧笼罩。

在一所重点中学，高三的学生们为了能在高考中脱颖而出，开启了“疯狂”的学习模式。每天早上天还没亮，教室里就坐满了学生，大家都在争分夺秒地背诵单词、课文。课间休息时，以往热闹的走廊如今冷冷清清，大部分同学都坐在座位上，不是在做练习题，就是在整理笔记。晚上，宿舍熄了灯，还有同学打着手电筒在被窝里学习。在这样紧张的学习氛围下，学生们的身体和精神状态都每况愈下。

有的同学因为长期熬夜，免疫力下降，频繁生病；还有的同学精神高度紧张，患上了轻微的焦虑症，一提到考试就心跳加速、手脚冰凉。然而，让人无奈的是，尽管大家如此拼命，年级排名却并没有发生太大的变化，很多同学都陷入了一种“付出很多，收获很少”的怪圈。

其实，出现这种情况的原因并不复杂。在学习过程中，很多同学只是盲目地跟风，看到别人怎么做，自己就跟着做，完全没有考虑这种学习方法是否适合自己。比如，有的同学听说题海战术很有效，就不管不顾地买来大量的练习题，没日没夜地做。但他们却没有意识到，不加选择地刷题，不仅浪费了大量的时间和精力，还容易让人陷入疲惫和厌烦的情绪中，学习效率反而越来越低。而且，每个人的学习特点和习惯都不一样，有的同学是视觉型学习者，对图像、文字比较敏感；有的同学则是听觉型学习者，通过听老师讲解、听录音等方式学习效果更好。

如果不了解自己的学习类型，盲目采用别人的学习方法，自然很难取得理想的效果。

那么，有没有什么方法能够让我们打破这种内卷的困境，实现高效学习呢？答案是肯定的。这就是我们编写这本《反内卷学习法》的初衷。

在这本书中，我们为大家精心整理了26个经过实践检验、行之有效的高效学习方法。这些方法并不是什么高深莫测的理论，而是实实在在、接地气、能够让大家在日常学习中轻松运用的技巧。

比如，书中介绍的费曼学习法。不少同学在学习新知识时，看似把书本上的内容背得滚瓜烂熟，可一旦遇到实际运用，或者向他人讲解时，就会漏洞百出。费曼学习法的核心，就是用自己的语言，向一个完全不懂这个领域的人解释清楚所学内容。举个例子，当你在学习物理中的“欧姆定律”时，先通读教材，理解基本概念，接着尝试给身边不了解物理的朋友或家人讲述这个定律。在讲述过程中，你会发现自己哪些地方理解得还不够透彻，哪些表述不够清晰。这时候，再回头查阅资料、请教老师，将这些模糊的地方弄明白，重新组织语言再讲一次。如此反复，直到你能用简洁明了的话语，让对方完全理解这个定律，那么你就真正掌握了“欧姆定律”。通过这种方式，能将复杂的知识简单化，加深对知识的理解与记忆，还能锻炼自己的逻辑思维和表达能力，比单纯死记硬背要高效得多。

再比如番茄钟时间法。在学习时，我们常常会被各种干扰因素打断，一会儿看看手机，一会儿吃点零食，时间就这样不知不觉地溜走了，学习效率极其低下。番茄钟时间法把学习时间划分为以25分钟为一个单位的“番茄时段”，在每个番茄时段内，你要全身心地专注于一项学习任务，中途不能做任何与该任务无关的事情。当一个番茄时段结束后，休息5分钟，活动一下身体、放松一下大脑。每完成4个番茄时段，就进行一次较长时间的休息，大概15到30分钟。比如，你要完成一篇英语作文，先设定一个番茄钟为25分钟，在这25分钟里，你只能专注于构思作文框架、组织语言、书写内容。如果中途被其他念头干扰，如想刷下短视频，这时你要提醒自己，等这个番茄时段结束再休息。当第一个番茄钟结束，休息5分钟后，再开启下一个番茄钟继续写作，直至完成作文。这样将学习时间碎片化管理，能让我们在每个小时间段内保持高度专注，提升学习效率，还能避免长时间学习带来的疲惫感。

除了这些方法，书中还涵盖了记忆技巧、笔记方法、复习策略等多个方面的内容。每个方法都配有详细的案例分析和实际操作步骤，让大家一看就懂，一学就会。

学习从来都不是一件轻松的事情，但也不应该是一场充满痛苦和无奈的“挣扎”。我们希望这本书能够帮助大家摆脱内卷的束缚，找到适合自己的高效学习方法，让学习变得更加轻松、有趣、有成效。相信只要大家认真学习和运用书中的方法，一定能够在学习的道路上取得更大的进步，实现自己的梦想。让我们一起告别无效内卷，拥抱高效学习吧！

目录

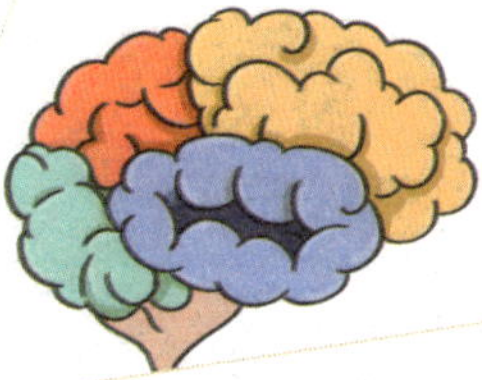

1 / 费曼学习法——讲给别人听

5 / 西蒙学习法——持续高效学习

9 / SQ3R阅读法——细节—整体—细节

13 / 番茄钟时间学习法——分割学习与休息时间

17 / 艾宾浩斯记忆法——定期反复记忆减少遗忘

21 / 思维导图学习法——知识点分类和联想

25 / FASTER学习法——开始时明确目标 结束时进行总结

29 / 康奈尔笔记法——将笔记进行分区

33 / 学科交叉学习法——学会“换台”

37 / 金字塔学习模型——主动与被动互补

41 / 刻意练习法——在重点和难点上多花时间

45 / 斯科特·扬学习法——整体性学习

49 / KISS复盘法则——删除多余 只留最好

53 / 建立自我犒赏机制——犒赏自己的大脑

57 / 珍惜碎片时间——整合多种学习方法

61 / “知识拼图”学习法——知识之间建立联系

65 / 用好睡前一刻钟——学习的黄金时间

69 / 四色笔记法——善用色彩活化右脑

73 / 服务生效应——没完成的任务印象深刻

77 / 有趣的“圈点预习法”——提前找到学习的地图

81 / 用符号、图案记笔记——自我编码与解码

85 / “五到”听课法——调动手、眼、口、耳、心

89 / 提问学习法——以问题为导向

93 / 模仿学习法——模仿他人的学习方法

97 / 互动式学习法——在实践中学习

101 / 间隔复习法——掌握学习的节奏

费曼学习法

——讲给别人听

为什么上课时明明听懂了，但是做题时就不会了？这是因为我们没有用对学习方法，没有将学到的知识内化，不能做到活学活用。如果我们在学习中遇到这样的困扰，就一定要学会运用费曼学习法。

案例回顾

有一位农民父亲，他的女儿考上了清华，儿子考上了北大。有人就好奇地问他："你把两个孩子都培养进了重点大学，是不是有什么绝招啊？"

农民父亲憨厚地说："我这人没什么文化，也不懂什么绝招。只是觉得孩子上学花了那么多钱，不能白花了，就让孩子每天放学回家，把老师在学校讲的内容跟我讲一遍，如果我有弄不懂的地方就问孩子，如果孩子也弄不懂，就让孩子第二天再问老师。这样一来，花一份的钱，教了两个人。孩子的学习劲头特别强，成绩从小学到高中一直名列前茅，直到考上清华、北大……"

其实，这个没有上过学的农民父亲不知道的是，他在不经意间让孩子使用了费曼学习法，即让孩子用直白浅显的语言把学过的知识传授给他这个外行人。

什么是费曼学习法

费曼学习法 源于诺贝尔物理奖得主理查德·费曼，其核心在于简化复杂知识，以教代学，强调输出对输入的推动作用。用一句话概括就是，学习任何知识，如果我们能用自己的话，不带行话术语，说给一般人听，他们能听懂，就证明我们把这个知识真正学懂了。费曼学习法的精髓，就是“讲给别人听”。

实操步骤

很多人都听说过费曼学习法，但真正能把费曼学习法用好的人并不多。简而言之，该方法要求用非术语、简单易懂的语言向他人阐述所学，若讲解不清则回头再学。具体操作步骤如下。

思维导图

1. **选取题目**：选择想要学习的内容，不限学科或领域。
2. **教授知识**：用自己的语言，将所学知识教给完全不懂的人听，让他们明了。
3. **回顾纠错**：在讲解中，如果发现自己存在知识盲点，就回到学习环节，增补知识漏洞，纠正错误，直到完全掌握为止。
4. **使用例子**：使用具体的例子说明概念，加深理解，并形成记忆图像或路径。
5. **简化语言**：不使用任何专业术语，而用最简单易懂的语言清晰地描述所学习的内容。

用费曼学习法学习语文

小学阶段的语文学习是一个系统而持续的过程，它涉及多个方面的能力和技巧的培养。主要的题目类型包括阅读理解、词汇选择、填空题、简单的作文等。这就要求我们多读书，增强阅读理解能力，扩大词汇量，熟悉常见的词汇和成语；练习写作，注意语句的连贯性和逻辑性，以及标点符号的使用规则等。在此，我们就非常适合用费曼学习法来学习语文了。

例如，我们可以选择练习题目：请用“春天”写一个句子。那么用费曼学习法怎么做呢？

选取题目：春天

教授知识：将自己在课堂上学到的知识点转变为自己思考出来的内容，用自己的语言方式讲给父母听。

回顾纠错：在讲解过程中，根据父母提出的疑问来完善自己对该题的理解，然后写出句子。

使用例子：与实际生活联系在一起，比如，春天小区里有什么花会开、大家都有哪些活动、身边发生了什么有趣的事情、出现了什么特别的现象。

简化语言：避免使用之乎者也，简单易懂即可。

西蒙学习法

——持续高效学习

我们努力学习往往是希望看到立竿见影的效果，如果经过几个月的努力，成绩却没有明显的提高，我们就会泄气，没有继续努力的动力。如果想在短期内有突飞猛进的提高，我们就需要学习与掌握西蒙学习法。

案例回顾

据《华盛顿邮报》报道：得克萨斯州双腿残疾的黑人男孩戴维·汉姆生，17 岁那年立志要当一名音乐家，他以每天 10 小时的时间苦练了 1 年钢琴，最终，他的钢琴演奏技艺高超得连音乐专家都为之叹服。

然而不幸的是，因练习钢琴过猛，他得了难以治愈的腱鞘炎。但他并未被挫折打倒，转而攻读法语。他每天花 10 个多小时攻读法语，只用了 2 年时间就学完了法语专业的全部课程，最后以第 1 名的成绩考入康奈尔大学法语系，插班 2 年级。不久他又攻读考古学，只用了半年时间就学完了大学考古专业 4 年才能学完的课程，并在考古研究生考试中金榜题名，师从著名考古学家怀特·邦德教授。

难道众多的考古毕业生都没有戴维天赋好吗？其实不然，戴维学习这门知识所花费的时间并不比专业大学生少。就拿考古专业的化学课为例，4 年制本科每年 480 学时，如果采用“西蒙学习法”，每天学习 10 个小时的话，200 天就可以学完。

所以戴维半年取得考古研究生考试第一名的成绩并不是不可能完成的任务，不过是他坚持每天学习 10 小时以上的成果。

什么是西蒙学习法

西蒙学习法 诺贝尔经济学家西蒙教授提出来的一个理论：“对于一个有一定基础的人来说，只要真正肯下功夫，在6个月内就可以掌握任何一门学问。”其核心原理就像烧水一样，需要持续不断地加热，也就是不间断地钻研一门知识。西蒙学习法的核心点在于“连续高效学习”，只要我们肯下功夫，在6个月内就可以快速入门任何一门学科。

实操步骤

西蒙学习法有一个重要的前提，那便是你必须在思想上做好充分的准备，并且积极付诸行动。在操作方法方面，西蒙学习法一般要经过以下4个步骤。

选择一门适合自己的学科，是成功学习的基础。

将学科拆分成易于理解的信息块，逐个击破。难点在于将复杂的学问拆解。

坚持每天不间断地学习，坚持学习6个月，逐一去攻克每个被拆分出来的信息块。

6个月之后，我们已经掌握了这门学科的各个知识点和技能，形成完整的知识体系。

用西蒙学习法攻克数学

近期，大宝向妈妈抱怨自己的学习效率不高，妈妈正好在看《西蒙学习法》，她灵光一闪，决定与大宝一起试用一下。

学科的选择：大宝的逻辑思维能力较强，特别喜欢探索自然规律背后的数字奥秘，所以他决定选择数学学科作为攻克的目标。

学科的拆分：小学的数学还比较简单，他决定先巩固基础知识，逐步掌握各个知识点。妈妈帮大宝整理出小学数学知识框架的三大部分：数的计算、空间与图形和统计。大宝针对这三大部分制订了学习计划和时间表。

持续地学习：大宝每天都会安排固定的时间来学习数学，在遇到困难时，他通过查阅资料、请教老师或者同学等方式克服困难，确保每天都能在数学学习上有所进步。

学科的掌握：经过半年的努力学习，大宝已经熟练掌握了数学学科从基础概念到复杂运算、从简单图形到空间几何等各个方面的知识，能够解决各种数学问题，并且对数学学科的整体架构有了清晰的认识。

SQ3R 阅读法
——细节—整体—细节

在日常的学习中，我们经常需要阅读海量的书籍。然而，很多时候我们将书读完一遍，却发现脑海中并没有任何相关记忆，知识要点总是难以记住。我们都希望能有一种方式来提升自身阅读的效率，帮助我们开展系统的学习并巩固知识，这时候我们就需要理解和掌握 SQ3R 阅读法。

案例回顾

钱钟书是一位中外公认的才子，被誉为中国的“博学鸿儒”，照相机式的脑袋，使他对浏览过的书籍“过目不忘”。后来，杨绛透露：钱钟书那超强的记忆力，并非是因为他有什么神奇之处，根源在于他好读书，肯下工夫，不仅读，还要做笔记。

钱钟书被破格录取进入清华学习，在读期间，他大量阅读了清华图书馆的书。清华的藏书极为丰富，图书馆的书架上满满当当地陈列着几十万册图书，古今中外的各类图书应有尽有。钱钟书逐排逐本地阅读图书馆的书，据他的同学回忆，钱钟书是在校期间借书最多的一位。“此中乐趣，不可形容，恐怕只有饥鼠入太仓之乐仿佛似之。”这一段话，可以作为钱钟书在清华读书的一个写照。

钱钟书读书时有一个独特的癖好，看书起劲时，喜欢把书里精彩或重要的部分，在旁边用粗铅笔画上竖线，并且还会在书旁加上评语。清华藏书中的画线和评语大多都是出自钱钟书的手笔。当时同学们只要去找钱钟书画有粗黑线的部分读，就可以省时省力地多读很多书。

什么是 SQ3R 阅读法

SQ3R 阅读法 亦被称作五步阅读法，是一种全面且高效的学习方法。这种方法通过 5 个步骤帮助读者更好地理解与记忆所读材料。此方法的发明者是美国教育心理学家弗朗西斯·罗宾逊，1946 年，他在自己的著作《有效的学习》之中首次提出了这一方法。

实操步骤

SQ3R 阅读法，是 Survey（预览）、Question（提问）、Read（阅读）、Recite（复述或背诵）、Review（复习）的首字母的缩合。这 5 个词代表阅读过程的 5 个步骤，故称五步阅读法。其具体内容如下。

用SQ3R阅读法做英语完形填空

英语老师在教学生做完形填空时会使用 SQ3R 法。

浏览全篇：面对陌生的文章，仅凭只字片语是无法正确选择的。英语老师们通常会告诉学生，首先要做的就是浏览全文，了解文章的大概意思，为接下来的答题打下良好的基础。

提出问题：对文章有了基础的了解之后，一定会多多少少对陌生的知识有些疑问。在此基础上，把疑问存在心里，带着疑问去阅读，提出问题，然后等待下一步去解答。

第三步就是阅读：古人云："不动笔墨不读书。"动笔画出知识的重点，为了寻求答案去仔细阅读，并且在阅读的过程中解答自己的疑问，这样才能进一步加深对知识的理解。

第四步是复述所学：到了这个阶段就需要做"减法"，把有用的、重要的知识从脑子里筛出来，把不重要的内容去掉，然后举一反三，用自己的话、自己的理解深入浅出地表达。

最后一步就是复习：这是相当重要的一部分，缺少了最后这个复习的部分，知识就会像沙漏一样慢慢流走。其实，不光是英语习题如此，阅读所有的文章都应该如此。

番茄钟时间学习法

——分割学习与休息时间

古话有云“劳逸结合”，“番茄钟时间学习法”是一种将学习和必要的休息相结合的方法。有规律地分配学习与休息的时间，将使学习效率大大提高。

案例回顾

番茄钟学习法的发明者是弗朗西斯科·西里洛。20 世纪 80 年代末，他初入大学。彼时的他对大学生活充满憧憬，但一次考试失利，给了他沉重一击。那段时期，他的学习效率极低，整个人处于迷茫状态，每天都带着悲伤的情绪去上课。他既为上次糟糕成绩的阴霾所笼罩，又对即将到来的下次考试忧心忡忡，害怕再次失利。

弗朗西斯科开始自我反省，他察觉到自己长时间贪玩，学习时总是心不在焉。于是他跟自己打赌："我能否真正专注地学习 10 分钟呢？"他从厨房拿来煮饭用的计时器，而这计时器恰巧是番茄形状的。就这样，一个足以影响全球的时间管理方法——番茄钟学习法的雏形在他脑海中诞生了。

他当时用计时器测试自己能否坚持 10 分钟，结果失败了。不过此后，他逐渐习惯用这个番茄计时器规划学习时间。随着时间的推移，他变得越发专注，成绩也逐步提高。毕业后，他持续深入地研究番茄钟学习法，最终著书立说，将其带入我们的学习、生活和工作之中。

什么是番茄钟时间学习法

番茄钟时间学习法 由意大利学者弗朗西斯科·西里洛经实践研究而得。它的核心就是对学习的合理规划和对时间的有效分割：一个番茄钟时间一般为 25 分钟学习与 5 分钟休息时间，每 4 个番茄钟时间为一个番茄钟时间组，一组后可以休息 15~30 分钟，这种学习方法能形成良性循环，提高学习效率。

实操步骤

番茄钟时间学习法，能有效管理专注力和休息时间，提高我们的学习效率，让学习变得更加高效、更有节奏感。那么，番茄钟学习法的步骤究竟是怎样的呢？

思维导图

1. **列清单**：把一个学习目标拆分成若干个 25 分钟内可以完成的小目标，一项一项列好。
2. **估算并填写**：估算每个学习任务需要用的番茄钟数量，并填入清单。
3. **开始计时**：按下“开始键”开始争分夺秒地学习。
4. **记录“番茄”**：当我们完成一个番茄钟时间之后，就记录一下，当我们完成了清单中的某项任务时，用直线把任务画掉。
5. **总结**：在结束了一天的番茄钟时间学习后，要总结今天花费最多时间的活动是什么。

实战训练

用番茄钟时间学习法完成一日任务

开学的前一天，李雷准备用番茄钟时间学习法将假期作业进行查漏补缺，并预习新的课程。

08:00，李雷启动了这天的第一个番茄钟时间：他用这个番茄钟时间回顾此前一天他做的全部作业，过一遍活动清单，整理今日所需物品，填写今日待办表格。番茄钟响铃，休息5分钟。

08:30，李雷开启第二个番茄钟时间：学习英语25分钟，休息5分钟。进行这样的3个番茄钟时间后，共有4个番茄钟时间过去，李雷决定休息时间稍长一点儿，休息20分钟。

10:20，李雷启动新番茄钟时间，检查语文作业。继续4个番茄钟时间后，时间是12:20。

12:20—14:30，午饭、午休。

14:30，李雷启动新番茄钟时间，25分钟集中处理辅科的假期任务，休息5分钟。

15:00，启动新番茄钟时间：学习高等数学，进行这样的3个番茄钟。

李雷看了看表，想要出去溜达溜达。30分钟后，李雷开始一个新的番茄钟时间，用最后的番茄钟时间来回顾当天的学习，为明天的待办表格加一些说明，整理好书包。

17:30，一天的学习任务圆满完成，李雷非常满意。

艾宾浩斯记忆法

——定期反复记忆减少遗忘

我们经常感到记忆是一件痛苦的事情，就像长跑，会让我们精疲力竭，但只要我们度过那个极限，就会开始享受它。这就是艾宾浩斯遗忘曲线，当我们掌握之后，我们的大脑会开始系统建构内容，学习效率也会得到前所未有的提升。

案例回顾

记忆和遗忘是一对冤家对头，我们对以前学过的知识能够回忆起来，就是记住了，如果回忆不起来或回忆错了，就是遗忘。

艾宾浩斯对遗忘现象做了系统的深入研究，为了尽量减少旧有经验的影响，他选用由三个字母组成的“无意义音节”，如 dit、vom 等作为实验记忆的材料，将 10~36 个这样的音节组成一组。

然后，艾宾浩斯以自己为研究对象，进行学习，直到能把这些音节背诵出来为止。过一段时间，背不出来或背不全，就重新学习，直到再次达到刚能背出来的水平。艾宾浩斯把实验数据绘制成一条曲线，这条曲线一般称为艾宾浩斯遗忘曲线。

艾宾浩斯遗忘曲线的纵坐标代表记忆信息的数量。最顶点代表此次记忆单词的记忆最强点，这个点能产生一个记忆强度。这条曲线表明了遗忘发展的一条规律：遗忘进程是不均衡的，在识记的最初遗忘很快，以后逐渐缓慢，到了相当的时间，几乎就不再遗忘了，也就是遗忘的速度先快后慢。

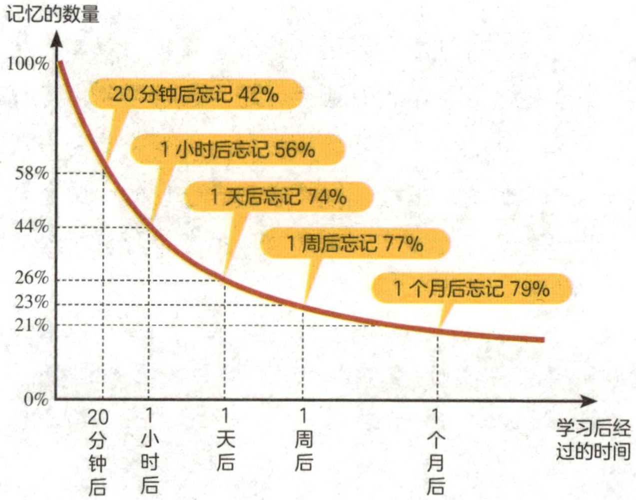

什么是艾宾浩斯记忆法

德国心理学家艾宾浩斯研究发现，人的遗忘速度一般是先快后慢，遗忘在学习之后立即开始，而且遗忘的进程并不是均匀的。最初遗忘速度很快，以后逐渐缓慢，到了相当的时间，几乎就不再遗忘了。遗忘的进程不仅受时间因素的制约，也受其他因素的制约。我们最先遗忘的是没有重要意义的、不感兴趣、不需要的材料，不熟悉的比熟悉的遗忘得要早。

实操步骤

艾宾浩斯遗忘曲线告诉我们，学习中的遗忘是有规律的，遗忘的进程很快，并且先快后慢。想要用好艾宾浩斯记忆法，我们可以从以下几个方面出发。

思维导图

1. **确定周期**：参考艾宾浩斯遗忘曲线确定一个复习周期，然后根据自己的实际情况以及不同的记忆材料进行调整，找到一个适合自己的复习周期。
2. **初次记忆**：在学习新内容时，要进行快速背诵，尽量站起来并出声朗读，以加深记忆。
3. **首次复习**：在学习后的短时间内（如5分钟后）进行第一次复习，确保记忆牢固。
4. **间隔复习**：按照艾宾浩斯的复习时间表进行复习，对自己所学的知识定个复习与自测计划。
5. **随时测验**：随时随地测试自己。包括日测、周测、月测和全书测验等。

实战训练

用艾宾浩斯记忆法记单词

艾宾浩斯遗忘曲线记忆法在我们学习英语的时候格外管用，毕竟英语学习离不开反复的记忆与练习。英语词汇量庞大，而反复记忆和练习是牢记单词的关键所在。

确定周期：初次记忆后的5分钟、30分钟、12小时、1天、2天、4天、7天、15天、1个月等时间节点都是比较关键的复习时刻。根据自己的情况，选择合适的时间点。

初次记忆：我们可以采用多种方式来加深印象，比如，大声朗读，结合单词的拼写、发音和词义进行联想记忆。

首次复习：在初次记忆后的5分钟到30分钟之间复习，我们可以先遮住单词的解释，尝试回忆其含义，如果回忆不起来，再查看词义并重新记忆。

间隔复习：按照之前确定的周期反复记单词，像首次复习一样，先尝试主动回忆单词的含义、拼写和用法。通过不断的间隔复习，加深记忆。

随时测验：我们可以利用碎片时间，例如，在等公交、坐地铁的时候，拿出单词卡片或者使用手机App进行自我测验。

思维导图学习法

——知识点分类和联想

作为学生的我们似乎普遍有这样的学习烦恼：上课笔记满满当当，可好像什么也没学会；复习资料看了很多遍，还是似懂非懂；每天背书从早到晚，第二天起来又忘光了；怎么学也学不好……而思维导图学习法可以帮助我们。

案例回顾

东尼·博赞因创建了“思维导图”而以“大脑先生”闻名国际，也是“世界记忆冠军协会”的创办人，这个协会致力于帮助有学习障碍者。

东尼·博赞在大学时代，在遇到信息吸收、整理及记忆等困难时，前往图书馆寻求帮助，却惊讶地发现没有教导如何正确有效使用大脑的资料，于是开始思索和寻找新的思想或方法来解决。

他开始研究心理学、神经生理学等科学，以及研究名人的笔记，渐渐地发现人类头脑的每一个脑细胞及大脑的各种机能如果能被和谐而巧妙地运用，彼此分开工作将产生更大的效率。

1968 年，东尼·博赞发明了思维导图。

1971 年，东尼·博赞开始将他的研究成果集结成书，慢慢形成了发射性思考和思维导图法的概念。

除了东尼·博赞，大卫·海勒也发明了思维导图法。前者只有 1 种放射状的形式，后者有 8 种形式。

什么是思维导图学习法

思维导图学习法 是美国人大卫·海勒在 1988 年开发的一种帮助学习的图形工具。确切地说，是用来进行构建知识、发散思维、提高学习能力的一种可视化工具。思维导图学习法使用 8 种图形——它有且只有 8 种，体现的是一个从零开始的思考过程。更准确地说它是一种思维工具，帮助我们训练一种思考逻辑结构和思考方式。

实操步骤

思维导图法也是学霸们常用的一种学习方法，它运用图文并重的技巧，把各级主题的关系用相互隶属与相关层级表现出来。详细操作方法如下。

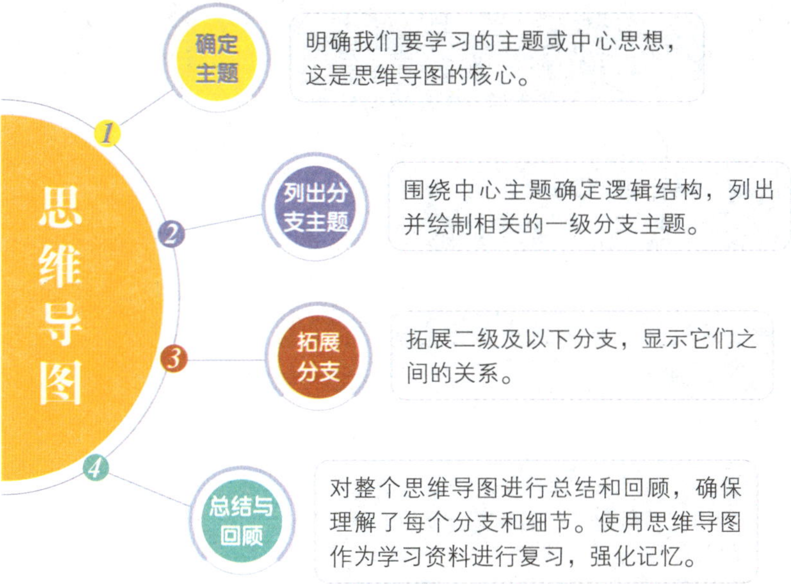

用思维导图梳理课堂笔记

每听完一堂课，老师所讲的内容涉及哪些知识点，与其他章节怎么发生联系，我们可以用一张图厘清它们之间的关系。

确定主题：我们不妨合上书本，拿出笔记本写上一个主题词，可以是书中的标题，也可以是一道大题。

列分支主题：然后尝试着用我们能想起来的知识去回答上面的问题，想不起来再翻书。

拓展分支：我们可以用彩笔、贴纸、图片等装饰思维导图，从老师的讲解中提炼出重点，再加入自己的理解，这样会逐步理解知识点的原委，再在理解的基础上进行图像记忆，让知识点不再是一盘散沙，而是由点、线、面织成的一张大网，帮助我们建立一个完善的知识架构。

总结与回顾：我们在晚上睡觉之前脑补一个相关图形，让它在脑中动起来。

学霸之所以知识点记得更牢、答题更全，是因为他们脑中有许多个这样类似的图形，考试时能举一反三。这样必然比硬背要记得更牢固，考试中检索起来更得心应手。

FASTER学习法
——开始时明确目标 结束时进行总结

我们需要不断学习新的知识，以适应当今快节奏的社会的发展和变化。然而，效率低下的传统学习方法往往无法满足我们快速获取知识的需求。因此，我们需要一种新的学习方法，能够点燃学习激情，快速提升学习效率。

案例回顾

FASTER 学习法的创始人吉姆·奎克在他的著作《无限可能》中说：“要想把注意力像激光一般聚焦在一件事情上，关键在于甩开或者忘掉那些让你分心的事情。你需要忘掉或者至少是暂时忘记 3 件事情。”

为什么 FASTER 学习法的第一步是要忘记呢？主要是为了将注意力聚焦在学习内容上，减少分心，提高学习效率。

怎样做到忘记呢？首先，忘记已经掌握的内容，保持一种“空杯心态”或“初学者心态”。小孩子之所以学习迅速，是因为他们的大脑像空荡荡的容器。其次，忘记不紧急或不重要的事情：大脑无法同时处理多项任务，学习时分心，学习效果会大打折扣。再次，忘掉自己的极限，这些自我设定的极限会限制我们的学习潜力。通过忘记这三件事，我们可以以一种全新的、开放的心态去学习，从而提高学习效率和效果。

什么是 FASTER 学习法

吉姆·奎克在《无限可能》中提出了一种 FASTER 学习法，该学习法也称为“更快的学习法”。这个学习法在学习过程中制造更多的“开始”和“结束”，这是分别利用了“首因效应”对开始阶段内容记忆深刻、“近因效应”对最近 / 最后学习内容记忆深刻的原理。

实操步骤

FASTER 学习法由 6 个英文单词首字母组成，分别是：Forget（忘记）、Act（行动）、State（状态）、Teach（教授）、Enter（输入）、Review（复习）。在实践中，FASTER 学习法的操作程序如下。

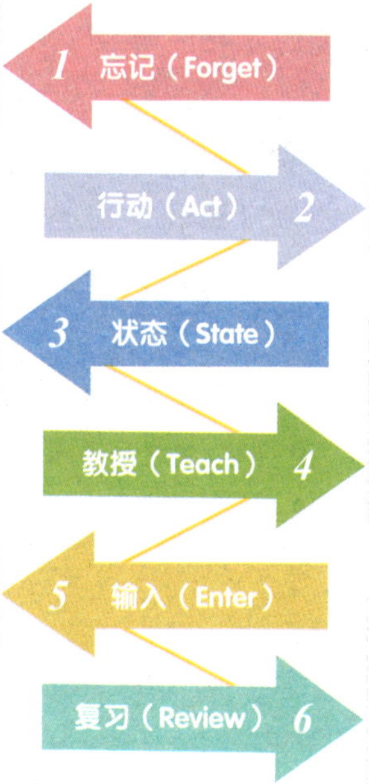

1 忘记（Forget）：忘记已经掌握的内容；忘记不紧急或不重要的事；忘掉自己的极限。

2 行动（Act）：主动记笔记，带着问题学习。

3 状态（State）：唤醒和培养学习热情，根据需要积极主动地调整身心到最佳状态。

4 教授（Teach）：把学到的知识教授给其他人，在教授的过程中，对知识点查漏补缺，锻炼自己的思维和表达能力。

5 输入（Enter）：制订学习计划和切实可行的目标，有条不紊地学习，形成学习习惯。

6 复习（Review）：定期复习，将知识从浅表记忆转化为深度记忆，将新知识和已经掌握的知识相联，搭建知识体系。

实战训练

FASTER学习在中小学教学中的应用

中小学教学应用FASTER学习法是一个不错的方法。

忘记：例如，在学习一个新的数学概念时，教师可以先让学生尝试解决一个相关问题，然后通过小组讨论来“忘记”他们可能存在的误解。教师也可以设计一些活动，如小测验或绘制思维导图，帮助学生识别和放下已知的错误概念或过时信息。

行动：接着，教师可以引导学生通过实际操作来“行动”，比如，使用教具或进行分组竞赛。在“状态”环节，教师可以确保学生在积极的氛围中学习，通过表扬和鼓励来提升他们的学习动力。

教授：在“教授”环节，教师可以设置“教学目标”，让学生准备简短的“小老师”课程，向全班展示他们的学习成果。学生可以向同伴解释他们对概念的理解，或者在家庭作业中向家长讲解。

输入与复习：“输入”环节可以是学生在日历上标记每天的练习时间，而“复习”则可以通过定期的测验和游戏来实现。

康奈尔笔记法

——将笔记进行分区

有些知识我们自认为学到了，是错将“熟悉”当作“知道”，如果合上书做个简单的自我检测，瞬间就会忘掉三四成。如何避免这种错觉呢？我们可以运用康奈尔笔记法，把需要记忆的知识点，用自己的语言逻辑和语言习惯连“点”成“线”，串成有逻辑的内容。

案例回顾

例如，导师在讲座中说："在建造圣彼得堡时，彼得大帝从许多欧洲国家雇用了工程师、建筑师、造船商和其他工人。这些知识分子和技术工人的移民给了圣彼得堡国际化氛围，完成了彼得大帝的部分目标，即让俄罗斯城市成为'西方之窗'。"

假如我们在笔记右边写了："1703——彼得大帝兴建了圣彼得堡城，还建立了彼得保罗要塞。"那么在左边，可以写上："为什么彼得保罗要塞是彼得大帝在圣彼得堡建立的第一个建筑？"

我们也可以在左边区域写上一些进阶的、在讲座内容或原书中找不到答案的深层次问题。如"彼得大帝迁都圣彼得堡，这对俄罗斯帝国未来的发展产生了怎样的影响？"这些问题将加深思考。

我们可以写下笔记中没有回答的更高级别的问题，如"为什么……？"或"预测如果……会发生什么？"或"……的含义是什么？"（例如，"首都从莫斯科到圣彼得堡的变化对俄罗斯帝国有什么影响？"）这些可以加深我们对材料的了解，提升学习的深度。

写总结会让我们的思路更清晰。尽量用自己的话总结所学知识，这也是一个复习的过程，如果我们能用自己的话来总结所学知识，就说明理解了。

什么是康奈尔笔记法

康奈尔笔记法 是由康奈尔大学的沃尔特·鲍克博士等人发明的。康奈尔笔记系统把一页纸分成了三部分：左边四分之一左右（线索栏）、下方五分之一左右的空间（总结）和右上最大的空间（草稿）。它是一种广泛使用的系统，用于记录讲座或阅读材料，以及复习和保留该材料，被称为“最佳笔记系统”。

实操步骤

准备一个专门用来做康奈尔笔记的笔记本，普通本或活页本都可以，将笔记页面分为以下几个区域。

01 提示区

通常在左侧，用于提炼主栏中的要点、关键词或问题。

02 内容区

用于记录课堂或阅读中的主要内容。

03 概要区

位于页面底部，用于总结或概括提示区和内容区的内容。

使用康奈尔笔记法的步骤如下。

1. 在记录时，将主要内容记在提示区。
2. 课后或学习结束后，提炼要点到内容区。
3. 将提炼的主要内容写在概要区，定期复习时，通过概要区进行总结和复习。

实战训练

用康奈尔笔记法做课堂笔记

运用康奈尔系统有助于我们对笔记进行整理，积极投身于知识的创造，提升自身的学习技能，进而达成学业上的成功。

把笔记本的每一页都分提示区、内容区和概要区三个区域，每个区域都有特定的用途。

记录： 在听讲或者阅读的时候，要着重于在提示区里尽可能多地记录下那些富有意义的论据、概念等讲课内容。

简化与提炼： 下课后应该尽快把在课堂上记录下来的论据、概念等内容，以一种简明扼要的方式概括（简化）到内容区里。要及时修订笔记，如果我们记录了一些读不懂、看不清、不正确的内容，那么果断擦掉或者改正吧，越早越好。

背诵： 把内容区遮挡起来，仅仅依靠提示区中的摘记提示，尽力完整地叙述出课堂上讲述过的内容。

思考： 我们要把自己在听课过程中的随感、意见以及经验体会等内容写在概要区，编制成提纲或者摘要，再将其分成不同的类目。

复习： 每周安排大约 10 分钟的时间来快速复习笔记。复习时，主要查看概要区的内容，根据需要再适当地查看内容区的内容。

学科交叉学习法

——学会『换台』

问问自己学习会不会“换台”，会不会灵活安排自学科目，长时间学习一门功课时效率是否低下？如果答案全是“是”，那就试试学科交叉学习的方法吧！

案例回顾

20 世纪 90 年代初，一组研究人员让羽毛球运动员练习 3 种不同类型的发球。一组运动员采取的是先集中练习一种发球，练好后，再学习第二种；另一组采取交叉练习法，即 3 种发球类型交替练习。最后，研究人员发现，第一组在练习期间进步很快，但一段时间过后，第二组不仅球打得更准确，在没练习过的位置发球时，也能表现得更好。

由此可见，虽然交叉学习可能无法马上让我们在某一方面有快速的提升，但能帮助我们更加牢固地掌握技能，提高综合能力，同时举一反三，适应环境变化带来的影响，从而快速调整状态以便有更好的发挥。

什么是学科交叉学习法

这种方法不主张我们长时间将精力仅仅集中于某一个学科，而是要适时地切换学习内容。要知道，长时间学习同一门科目或技能时，大脑的相关区域可能会变得疲劳，导致学习效率下降。而学科交叉学习法有助于大脑保持新鲜感和活力，防止学习疲劳。交替学习法通过在不同学科之间切换，帮助大脑休息和巩固学习内容，从而提高学习效率和记忆效果。

实操步骤

由于进行交叉学习，当做下一类习题时，之前的知识点和习题类型会留在记忆里。这能让我们分清解题方法，快速精准地归类问题。所以，学习计划里可交叉安排不同学习材料。具体步骤如下。

1 罗列学科：先把想要学习的科目、技能或者准备执行的任务罗列出来。

2 学科分类：对这些学习内容进行分类。

3 制定学习时间表：依据分类情况，把不同类型的学习内容交替安排进学习时间表。

4 合理安排休息时间：在学习计划里，休息时间得安排合理，不能连续学习太长时间。

5 开始学习：按照学习计划开始学习，学习时要留意自己的学习效率和成果。要是察觉某个内容的学习时长不合适，影响了学习效果，那就调整学习计划。

实战训练

用交叉学习法完成家庭作业

学校的课程安排，各门学科都是分开的。语、数、外，音乐、体育、美术等课程内容都是按一定的时间搭配好的。这样做是为了避免长时间学习一门学科而倦怠，我们写家庭作业时也可以运用交叉学习法。

学科分类：当我们晚上写作业时，语文和英语可能有比较多的字词背诵任务，我们可以先集中精力背诵语文，在背熟一篇课文之后，不要接着背诵英语单词，可以切换到其他相关学习任务。

制定时间表：整理成一张详细的时间表，标注清楚每天每个时间段的学习内容。以一周为单位，将每天的学习时间划分为几个大的时间段，如上午、下午、晚上。每个大时间段再细分，例如，上午可以分为9:00~11:00学数学，11:10~12:30学英语。一般来说，每个学习周期设置为45~90分钟较为合适。

安排休息时间：如果需要背的单词超过50个，我们也可以将这些单词分两部分，先背一半，然后做一篇阅读理解，或者休息一会儿看看课外书，然后再背剩下的一半。千万不要连续学习一门学科超过3小时，否则学习效果会打折扣。

金字塔学习模型

——主动与被动互补

老师在上面讲，学生在下面听，这种是我们最熟悉、最常用的学习方式，学习效果却是最差的，因为这是被动的学习方式。那么如何将被动学习和主动学习结合起来，达到理想的学习效果呢？金字塔学习模型将给出答案。

案例回顾

我们结合一个选自《直击美国课堂》的课堂实录来详细了解一下金字塔学习模型的应用。

6 年级的历史课，老师讲的内容是史前时代。首先，老师给每位学生发了一块石头和一些油彩，让学生假设手中的石头是化石，在石头上画出对史前时代的理解。有些学生画的是史前时代的原始人，有的画的是史前时代的洞穴，有的画钻木取火的场景，可能这就是他们对史前时代的理解。（注：亲身体验，动手做能够记住 90%）

画完了，老师带同学们进入了第二个环节，先请历史学者用图文的方式讲解史前时代的钻木取火，然后向学生们演示如何做钻木取火的工具。（注：看演示，现场观摩能够记住 50%）然后把学生分组，发给学生材料，让学生自己动手做。（注：动手做能够记住 90%）历史老师在一边启发学生和巧妙地提问。（注：参与讨论、发言能记住 70%）

第三个环节是扮演与回答。请两位同学扮演主人公，其他同学提问。（注：做报告，给别人讲能够记住 90%）

通过这堂课我们可以看出，主动学习的效果更加显著。

什么是金字塔学习模型

金字塔学习模型 是由美国学者埃德加·戴尔提出的。他指出，学习分为被动和主动学习两个层面。被动学习包含听讲、阅读等，其平均留存率相对较低，在 5%~30%。主动学习包括讨论、实践等，留存率能达 50%~90%。快速大量阅读是浅层被动学习，若转换为主动学习方式，如输出观点和实践，学习效率会大大提高哦！

实操步骤

金字塔学习模型，分为 7 个层次，从上到下学习效果是越来越好的。前 4 层都属于被动学习。学习效果在 30% 以下的，都是个人学习或被动学习。

1. 第一种学习方式——“听讲”的学习效果最低，两周后学习内容只能记住 5%。
2. 通过阅读书籍、文章等来获取知识，可以保留 10%。
3. 用“声音、图片”的方式学习，这一比例可以达到 20%。
4. “示范”，听取他人的讲解和描述来学习，可以记住 30%。
5. “小组讨论”，从他人的观点和反馈中学习，可以记住 50% 的内容。
6. “做中学”或“实际演练”，可以达到 75%。
7. “教别人”或者“马上应用”，可以记住 90% 的学习内容。

实战训练

线上课程中的主动学习与被动学习

现在线上学习越来越多，我们用3个比较典型的线上学习的场景来说明金字塔学习模型的应用。这3个场景分别是学习微课、训练营和私教。

微课就是老师录好一系列的课程，然后发布在平台上，是一种被动性的产品。我们自己去听、去看、去学习微课。我们只要进入到这个学习金字塔上面的第一个听讲的部分，就能够把它完成。如果我们还能够主动带着目的去阅读，做一些笔记、PPT等，就已经非常了不起了。

训练营就是大家在一个社群里学习，跟导师、助教和学员相互讨论的学习方式。除了听讲和观看，我们还可以参与讨论和实践。我们能够看到别人的实践，也让别人看到我们的实践。训练营的价值在于看大家怎么实践，看导师对别人怎么点评，对我们怎么点评。

而私教课学的还是训练营的内容，但学习的方式不一样，学习的深度不一样。私教课学到什么知识技能已经不是最重要的，重要的是学会思考导师对不同的学员为什么会采用不同的教授方式，以及他怎么把自己的知识教给别人。

刻意练习法

——在重点和难点上多花时间

为什么做了很多题，成绩还在原地踏步？题海战术最大的问题在于我们会用很长时间来做已经会做的题目，而对于没有充分掌握的重点和难点知识却练习不足。

案例回顾

钢琴家郎朗在自己的传记中提到，他2岁的时候就显露出了对音乐的敏感，看着电视播放《猫和老鼠》动画片，他就能模仿汤姆在钢琴上弹奏出一首完整的曲子。

郎父认定儿子是个音乐天才，于是迅速地为儿子找老师学钢琴。从学琴开始，朗朗就严格遵守着父亲制订的异于常人的作息时间表：早上5∶45就得起床，然后练琴1小时；中午放学回家，仅仅花15分钟吃饭，接着练琴45分钟；下午放学后，先练琴2小时才吃晚饭；晚饭后，再练2小时琴，之后才开始写作业。这样算下来，每天练琴将近6个小时，等睡觉的时候都已经很晚了。

一到节假日和寒暑假，练琴时间还会加倍，就连大年三十，都必须练完8小时琴再吃年夜饭，常常菜都凉了。

多年的坚持使得郎朗的琴技得到了极大的提升。他在美国柯蒂斯音乐学院读书时，因为练琴太勤奋，学校甚至破例延长琴房的开放时间。

郎朗的成功，既源于他的音乐天赋，更得益于后天的刻苦练习。如果没有父亲的严格要求和鞭策，或许今天的郎朗会是另一个样子。

什么是刻意练习法

刻意练习法 是由佛罗里达州立大学心理学家埃里克森首次提出的。该理论的核心假设是，专家级水平是通过刻意的练习获得的，而达成有效进步的关键在于找到一系列小任务，让受训者按顺序完成。这些小任务必须是受训者正好不会做或者做不好，但通过练习可以掌握的。为了解决这些问题，埃里克森提出了一种被称为“刻意练习”的方法，其内涵在于“多花时间在薄弱环节，持续关注重点和难点”。

实操步骤

刻意练习不仅仅是大量地重复练习，而是有目的、有反馈地练习，旨在提高技能和知识水平。

思维导图

1. **明确目标**：首先，设定一个明确且具体的目标，并将其拆分成一系列可完成的小任务。这些目标应该是具体、可衡量、可实现的。
2. **专注投入**：在练习过程中，保持高度的专注和投入，避免分心。专注的状态有助于提高练习的效率。
3. **走出舒适区**：刻意练习强调在学习区进行练习，即完成超出舒适区的任务，以挑战自我并促进成长。只有勇于挑战自我，涉足舒适区之外的任务，才能够促使自己不断成长。
4. **获得反馈**：及时获取反馈是刻意练习的关键环节。通过反馈，我们可以了解练习的效果，并进行调整和优化。

实战训练

刻意练习提升数学解题能力

数学并非一门仅凭天赋即可轻易掌握的学科，它更依赖于持续的努力、正确的方法，以及刻意的实践。“刻意练习”对于提升我们的数学解题能力和深化对数学概念的理解具有不可估量的价值。

设定明确目标：刻意练习的第一步是设定具体、可衡量的目标。在数学学习中，这可能意味着提高特定类型题目的解题速度，如将二次方程的求解时间缩短至两分钟内。

专注地投入：制订详细的练习计划，包括每日或每周要完成的题目数量、类型以及预期达到的目标。在执行计划时，可以采用“分块练习”的方法。

走出舒适区：过于简单的题目可能无法促进技能的提升，我们可以根据自己的学习目标和当前水平，选择那些既能巩固基础知识又能适度挑战的题目，在挑战与成就之间找到平衡。

获取反馈与调整：我们在完成练习后，应及时检查答案，分析错误原因，总结经验教训。必要时，可寻求教师或同学的帮助，以获得更专业的指导。我们应将每次练习中的错误记录下来，定期回顾，减少未来犯同类错误的概率。

斯科特·扬学习法
——整体性学习

我们在学习中发现，死记硬背一个个知识点是很困难的，但当我们找到它们的联系和规律，将知识点串联起来，就会很轻松地掌握。这就是斯科特·扬学习法的优势所在。

案例回顾

斯科特·扬是一位令人非常佩服的自学成才者。他仅仅用了一年的时间，就自学完了麻省理工学院的 33 门课程，而且顺利通过了所有考试。要知道，正常情况下，学生可是需要花费 4 年时间才能修完这些课程的。

不仅如此，斯科特·扬还在一年之内学会了 4 国语言。对西方人来说，学习中文就像是在闯“地狱级”的难关，他却能够用中文分享自己的学习心得，流畅自如地表达自己的观点，甚至还能即兴回答网友的提问。

在自学的时候，斯科特·扬在运用了多种技巧和工具来有效识别和改进自己的不足。比如说，他采用了费曼的技巧，就是通过把知识教给别人的方式，加深自己对知识的理解，同时发现自己知识上的盲点。在这个过程中，他会把所有用过的方法都记录下来，并且不断地对这些方法进行优化。

什么是斯科特·扬学习法

斯科特·扬学习法 强调理解材料间的关联，而非单纯性地记忆。斯科特·扬指出，当新知识与已有知识网络相连接时，深刻的理解就会发生了。这种方法激励学生运用多种技巧主动构建知识网络，像类比、图示、讲故事等；倡导运用心智图和概念图构建可视化知识结构，从而帮助整合信息且推动创新。

实操步骤

斯科特·扬学习法着重于整合我们已经学到的知识，进而构建起全新的知识结构。通过这样的方式，我们就能在记忆知识以及运用知识方面取得更好的成效。其核心思想包括获取、理解、拓展、纠错、应用和测试 6 个步骤。

获取信息阶段需要注意 3 个目标，即简化信息、尽可能获得更多信息、高效快速地处理信息。

理解分两种层次：一是理解信息的表面意思；二是理解知识背后的因果联系，以及如何应用解决问题。

应用模型来简化和拓展结构，以加深对知识的理解，包括 3 种主要方式：一是深度拓展，二是横向拓展，三是纵向拓展。

在整体知识性网络中做修建工作，添加特例，删掉不必要的联系。

将更多的知识应用到实践中，加深对知识理解的同时，培养创造性思考的能力。

每个阶段要问自己一些问题，确保自己了解对特定知识的理解程度。

斯科特·扬学习法帮助经济学入门

我们学习知识不能仅仅停留在理论知识的吸收上，而要通过实际操作来巩固和应用所学内容。不能将理论和实践割裂开，要进行整体性学习。例如，我们想了解经济学，就可以应用斯科特·扬学习法。

获取：我们可以先用最快的方法将一本经济学原理，或者一个相关视频看完。阅读时只偶尔做做笔记，或在读过每个主要章节后写一个段落的总结。看视频时播放速度最好加快，根据讲课老师的语速，可以调到 1.5 或 2.5 倍。

理解：当遇到比较难的问题时，就不再追求快速，需要停留解决难点和疑点。圈出经济学术语并搞懂它，然后带着问题去阅读书中的案例、图表、例题，提高效率，此步骤比较适合使用之前专门介绍的费曼学习法。

拓展：将经济现象与所学知识点广泛地联系起来，挖出该知识的背景，形成知识结构，也可以与整个学科甚至整个行业相联系。一个问题可能要联系到整本书甚至整个学科。

纠错：纠错自然是在做题的基础上来执行，先做例题，做完对答案，如果答案错误，则需返回章节知识点再学习纠错。

应用：做练习、测试、考试是最基础的应用，另外还可以应用到生活中去，这才是学习知识的最高境界。

KISS复盘法则

——删除多余 只留最好

我们与学霸的差距，往往在于如何对待自己的经验和过往。为什么那些学霸轻轻松松就能取得高分？为什么每天都是24小时，学霸却比我们进步得更快？学霸的秘诀就是复盘。

案例回顾

KISS 复盘法则的发明可以追溯到 20 世纪 60 年代，由美国工程师凯利·约翰逊提出。KISS 原则最初是为了在设计和解决问题时保持简洁和清晰，以提高效率。

凯利·约翰逊提出喷气式战斗机的设计要做到更简单，简单到能够让飞行员遇到意外的时候，用机上的工具就可以修理。随着技术的发展，现在喷气式战斗机的模块化设计沿续了凯利·约翰逊的理念。模块化设计允许飞机像搭积木一样，根据需求随意组装不同的部件，但每一个组件都有其重要作用，都是不可或缺的。模块化设计可以快速调整和适应飞机对系统、结构和性能的需求，适应不同环境和操作条件。

一名法拉利跑车的设计师也曾说，法拉利的零部件比普通汽车使用的零部件要少，但是这些零部件的品质绝非世界上任何其他同类零部件可以比得上的。

删除多余的，只保留最好最有用的，这就是 KISS 复盘法则。

什么是 KISS 复盘法则

复盘 源于围棋术语，双方对弈之后重新推演棋局，以求下次做得更好。KISS 复盘法是由 Keep（保持）、Improve（改进）、Start（开始）、Stop（停止）4 个部分组成，分别代表在学习复盘过程中要重点注意的 4 个要点：保持做得好的，改进做得不好的，开始没做的计划，以及停止产生不利影响的。

实操步骤

每完成一个事项，需要进行复盘，复盘是挑战更高目标的起点。KISS 复盘法则可以让学习细水长流。该方法包括以下 4 个步骤。

1. Keep（保持）

对于那些做得好的、令人满意的点，我们就要好好地总结经验，后续继续保持，巩固学习成果。

2. Improve（改进）

对于那些做得不足、令人不满意的，我们就要认真地归纳总结，看看哪些地方需要改进。

3. Stop（停止）

对于那些不利于整体进度的事项，我们要大胆地放弃，不要犹豫。要把精力聚焦在核心的事情上。

4. Start（开始）

对于那些没有达到预期效果的事情，我们就要归纳总结和调整，重新开始。

KISS复盘法入门

小李最近在学习时间管理方面遇到了挑战，学习的时候总是容易分心，学习效率不高，他决定尝试使用KISS复盘法来反思和调整自己的学习方式。

保持：首先，小李发现自己每天都能坚持早起并按时进入学习状态，这个习惯让他的学习效率很高。因此，他决定继续保持这个良好的习惯。

改进：接着，小李发现自己晚上经常拖延学习时间，导致任务无法按时完成。为了改进这一点，他制订更具体的学习计划，并设定晚上的学习截止时间，以确保任务能够高效完成。

停止：然后，小李发现自己经常在学习时分心玩手机，这不仅浪费了时间，还降低了学习效率。因此，他决定在学习时将手机静音并放在视线以外的地方，以避免分心。

开始：最后，小李意识到自己在时间管理方面缺乏专业的知识和技能，因此决定开始学习相关的时间管理技巧，比如番茄钟时间学习法等。他希望通过学习和实践这些技巧，能够更好地管理自己的学习时间。

建立自我犒赏机制

——犒赏自己的大脑

一整天都紧绷着神经，紧盯着书本，头脑中充斥着公式、定理和其他知识点，这种压力让人感到疲惫和焦虑，这时候我们就要犒赏自己的大脑。

案例回顾

我们的大脑里存在一个随时随地想要犒赏自己的勤奋的小人，而它最爱的事情就是促进多巴胺的分泌。多巴胺越多，它越兴奋，大脑里亢奋的信号因此迅速传递和蔓延。

而当这个小人开始偷懒，不再愿意由正常途径产生多巴胺，而是通过作弊的方式绕过原本精密设计好的强化学习这条路径，通过自我刺激的方式产生多巴胺，勤奋的小人会变成贪婪的小人。

这是日本顺天堂大学教授小林弘幸在他的新书《24 小时大脑》中总结出来的。他在书中提到，大脑也有自己的脾气，如果我们想拥有高效的学习效率，那么我们“顺应”大脑的脾气，利用好它的学习节奏，就能让我们更优秀、更幸福、更有活力。他总结了 80 种方法，分别用在大脑的不同时段，大脑被照顾得好好的，才能让我们时时刻刻都精力充沛，活力满满。

什么是建立自我犒赏机制

大脑就像一个宠物，我们一定要照顾好它，它开心了，我们才有好日子过。它一闹脾气，我们就得吃不了兜着走。和大脑的相处之道就是，好好吃饭，好好睡觉，好好生活，好好享受生命中的每一个小确幸。当然，犒劳大脑并不意味着完全放松和放纵自己。要掌握好度，根据自己的实际情况和需求，给大脑提供适当的休息和调节。

实操步骤

学霸们懂得如何在学习和工作中找到乐趣，从而启动大脑中的犒赏机制。这种机制能够让他们在学习过程中保持愉悦，从而更愿意投入学习。犒赏大脑的方法主要包括以下几种。

思维导图

1. **目标设定**：必须清晰地确定要达成何种目标才能够获取犒赏。这些目标应该是具体的、可衡量的、可实现的、相关的和有时限的。
2. **制定奖励**：针对每一个设定好的目标，都要制订相应的奖励计划。这样当目标得以实现，就能给自己合适的奖励。
3. **犒赏选择**：犒赏的内容应对自己有足够的吸引力。它既可以是物质层面，也可以是精神层面。
4. **及时奖励**：当目标达成或者任务顺利完成的时候，应当及时给予奖励。如果拖延奖励时间，自我犒赏的激励效果会大打折扣。
5. **频率控制**：犒赏自己的频率不可过于频繁。过度的犒赏会让自己逐渐对奖励失去期待感，也就无法有效地激励自己继续努力去达成目标了。

实战训练

自我犒赏让大脑更勤奋

很多人觉得生活平淡无奇，缺乏幸福感，因为很多事情做完后似乎没有太大的奖励，甚至觉得不值得去做。其实，我们可以自己给自己建立一个“犒赏机制”，犒劳一下自己的大脑。

目标设定：我们可以自己给自己设立一个需要达成的目标，就像玩游戏一样，并根据目标的难度给予自己不同的奖励。比如说，看完 20 页书可以奖励自己一瓶喜欢的饮料。

犒赏选择：我们如果偏好物质奖励，可以犒劳自己一顿大餐，或者给自己买一件漂亮的新衣服，或者是更实惠的奖金。如果更注重精神层面，可以选择看一部喜剧片，笑一笑；还可以听一些舒缓的音乐，让内心感到平静和宁静。

及时奖励：奖励必须及时，才能帮助我们建立新的习惯。例如，如果我们想学习一门编程语言，就可以在每次坐下来自学的时候奖励自己一块平时不敢多吃的巧克力。

控制频率：经常用惊喜礼物来犒劳自己，会帮助我们保持积极的行为，因为我们会一直完成任务，期待下一次奖励。但是奖励的频率也不能太高，如果背会一个单词就得到 100 元钱奖励，那么这样的奖励会因太容易得到而失去吸引力。

珍惜碎片时间

——整合多种学习方法

你是不是觉得每天的时间不够用？这是因为我们的时间被划分成许多碎片。如果我们利用好这些碎片时间，也能从学渣逆袭成学霸。

案例回顾

北宋欧阳修曾说：“余平生所作文章多在三上，乃马上、枕上、厕上也。”这里有个小典故。欧阳修身居要职，公务繁忙，但仍勤于写作，佳篇不断。所以就有人问他哪来的三头六臂，竟能在百忙之中抽出时间学习和写作。欧阳修的回答则是，他用的多是“马上”“枕上”“厕所上”的时间。这“三上”其实指的就是碎片时间。欧阳修是充分利用了途中的时间、睡前的时间甚至如厕的时间去学习和构思作品。这就是为什么欧阳修的文章能千古流传。

时间对每一个人都是公平、公正的。所谓高山起于微尘，时间也一样可以积零为整，成就一个人。碎片时间不容小觑，加以利用，能够带来巨大的惊喜。而我们现代人的碎片时间却用来刷手机了，其实我们应该充分利用这些碎片时间来学习。如果我们能做到像欧阳修那样充分利用碎片时间，就不会庸庸碌碌、一事无成了。

什么是珍惜碎片时间

我们常常觉得时间不够用，但实际上，每个人都有一些看似短暂，却能积少成多的“碎片时间”。这些时间可能是等公交车、排队、课间休息甚至洗漱的时候。如何巧妙利用这些碎片时间来学习，成了我们提升学习效率、增强记忆力的关键。我们随时利用碎片时间，也不会对生活节奏造成太大干扰，这种学习方式更加贴合现代人的高效需求。

实操步骤

下面，将详细阐述如何在高考复习中，有效地利用碎片时间进行学习。

1. 统计碎片时间：动手制作一张碎片时间表格，结合自己的实际情况来分析碎片时间的分布情况。
2. 梳理碎片时间：为每个碎片时间单位找 3~4 种价值，重视能够产出价值的时间。
3. 与生活情景结合：把具体的事情填充到碎片时间里，将每分钟的价值和生活中的情景联系起来，从而使时间得到最大化的利用。
4. 多种学习方式结合：在数字化时代，我们有更多工具可以帮助我们高效利用碎片时间。
5. 及时复盘：7 天为一个周期，对这段时间的学习成果进行总结。

用碎片时间攻克单词表

我们应该以欧阳修为榜样，把“三上”利用到极致，从现在开始珍惜每一个可以利用的碎片时间，攻克必背单词表，为自己的高考之路铺就坚实的基石。

统计和梳理碎片时间：首先，我们记录和梳理一下日常的时间，看看自己有多少可以利用的碎片时间。我们可以根据自己的学习情况，列出需要重点复习的内容。

然后，根据每天可能出现的碎片时间，制订一个详细的学习计划，我们可以将学习内容分段进行。比如，在早晨洗漱的5分钟里，可以复习几个重要的单词或短语。

将生活情景与多种学习方式结合：在利用碎片时间进行学习时，我们需要选择一些轻便、便于携带的学习材料。比如，可以准备一些便携的学习卡片，上面写上需要记忆的单词和短语。

我们还需要将利用碎片时间进行学习融入到日常生活中去，形成一种习惯。

及时复盘：在利用碎片时间进行学习的过程中，我们需要定期评估自己的学习效果，并根据评估结果进行必要的调整。

『知识拼图』学习法

——知识之间建立联系

拼图的每块图形都差不多，拼的时候，却找不到该用哪块。考试的时候，我们会觉得多数题目都似曾相识，却想不起来相关要点。使用拼图式学习法，知识会以完整的图像的形式呈现出来，因为知识和知识之间建立了联系，形成了体系。

案例回顾

著名物理学家开尔文爵士在19世纪的最后一天说，物理大厦已经落成，所剩下的只是一些修饰工作。但它的美丽而晴朗的天空中仍然有两朵乌云。而这两朵乌云，导致了相对论和量子力学的产生。

开尔文爵士非常有远见卓识，他说“美丽而晴朗的天空”是整个物理学世界，“两朵乌云”用我们这节课的话来说，就是两块知识碎片，以后的很多物理学家都在寻找这两块知识碎片，并且创立了相对论和量子力学。现在人们仍然在不断寻找物理学的知识碎片，企图完成那块伟大的拼图。

对于我们普通人来说，我们要完成的不是物理学的拼图，而是自己的知识体系拼图。但我们也可以像许多物理学家那样，不断地根据自己的知识体系，去寻找碎片。

什么是“知识拼图”学习法

如果把知识点看成拼图碎片，把知识体系看成已有的拼图，这就刚好对应了拼拼图的两种方式：为拼图碎片找到合适的位置，以及根据已有拼图找到合适的碎片，这就是我们要学的拼图式学习法。践行拼图式学习法有两个途径：从微观到宏观和从宏观到微观。

实操步骤

把整体的知识看成一整个拼图，拼图的每一小块都是独立的，但是每一小块之间都是有联系的，我们需要根据联系找到缺失的那块拼图。知识拼图学习法具体操作起来，可以按照以下 3 个步骤。

发现一个新的知识点，这属于主动去发现新知识，但有时，我们也会被动地接收一些新知识。

找知识点产生的原因、背景或后果、影响，以及与这个知识点有关系的其他知识点。

对知识点来说，“合适的位置”并没有一个统一的标准，可以把有关系的知识点归纳在一起。

以“口红效应”为例使用拼图学习法

学习就像拼拼图，我们每学习一个知识点，都需要找到和它相联系的其他知识点，把这些知识点不断拼合起来，最后就形成了我们的知识体系。

发现碎片：以“口红效应”这个知识点为例，我们觉得这个词很新鲜，从字面上却猜不出它的含义，就要先了解这个知识点的定义：口红效应说的是人们在经济萧条时会买一些像口红这样的廉价但非必要的东西。

理解碎片：我们可以搜寻自己的知识体系中和经济萧条有类似点的知识，比如，美国2008年经济危机中房地产的表现，这就是为知识点找相似的“邻居”。如果没有相似的，还可以找相反的。

把碎片放在合适位置：理解力就像强力胶，能把基础的记忆痕迹有逻辑地黏合在一起。我们了解口红效应的定义和产生背景，再与已有的知识和生活中的现象联系起来，我们就会明白，经济不景气的时候，生活压力会增加，沉重的生活总是需要轻松的东西来让自己放松一下，所以电影等消费不是很高的生意会比较好些。

用好睡前一刻钟

——学习的黄金时间

我们认为睡眠只有休息的功能，但睡眠时大脑并未休息，而是在整理并巩固各种知识。所以我们可以运用睡眠来提高学习的效率。

案例回顾

20 世纪 80 年代，美国心理学家杰罗姆·布鲁纳参与了一个有趣的研究项目“童床解说”。该研究揭示了儿童在睡前自言自语的独特现象。研究对象是一位名叫埃米莉的两岁女童。她的父母注意到，埃米莉在晚上入睡前会自言自语。于是，他们录下了与女儿的对话，也录下了她入睡前的自言自语。

经过对这些录音进行分析，研究者发现埃米莉在自言自语时的语言表达，竟然比她与父母对话时的语言更为复杂和丰富。每次灯一熄灭，父母离开她的房间后，埃米莉就表现出了惊人的语言能力。她不仅能够流畅地表达自己的想法，还会编织故事，将日常生活中的事件以及情感融入到她的语言中。

由此，研究者分析认为，睡前 15 钟是孩子学习的黄金时间。孩子在这个时间段所接触的信息，更容易被记住，且深入到孩子的潜意识中，对他们的成长和未来产生深远的影响。

什么是用好睡前一刻钟法

当我们在睡觉时，快速眼动睡眠帮助大脑将新学到的知识和已有的记忆连接起来，使得我们在需要时能轻松提取这些信息。而非快速眼动睡眠则帮助大脑整理和巩固这些记忆。如果你在睡前给大脑一些新的学习材料，它会在你睡觉时优先处理这些信息。这样，当你醒来时，昨晚学到的知识会变得更加清晰和持久。这就是为什么睡前学习比白天学习更有效率，因为你的大脑在夜间将短期记忆转化为长期记忆。

实操步骤

睡前背诵的知识会被大脑视为重点，醒来后立即复习，短期记忆就能转化为长期记忆。利用睡前时间学习，具体操作方法如下。

1 养成睡前背书习惯

比如，晚上 11 点睡觉，10~11 点这段时间是记忆的黄金时间。在这段时间内尽量多背一些内容，只要大脑有印象，海马体就会重点加工。

2 睡前用录音法背书

把要背的课文录成音频，临睡前播放。建议设置成 15 分钟，因为研究表明，人大约 14 分钟就能进入睡眠状态，所以 15 分钟刚刚好。

3 睡前结束学习

每天在学习完以后，把睡眠作为“学习结束”的仪式，在睡眠中对所学知识进行整理分类，第二天睡醒后再复习加强效果。

4 醒来马上背书

早上醒来后，马上到书桌前背诵或默写昨晚背过的单词和课文，这样记得更牢固。

利用睡前一刻钟巩固学习内容

利用睡前一刻钟，重点知识一次打包，会“利用睡眠”的人才是人生的胜利者。

养成睡前背书习惯：我们每晚躺在床上并不是马上进入梦乡，可以利用这段记忆的黄金时间背诵一些知识点。比如，当日所学或者自己规定的每天要记忆的单词，可以放在睡前读一遍，闭目回顾一遍，再读一遍；理科公式和解题逻辑等同样可以在这个时候暗记。养成每晚睡前一刻钟暗记内容和回顾白天学习内容的习惯，是提高学习效率的一个重要步骤。

睡前结束学习：结束睡前一刻钟的背诵，我们放下书本，或关上音频作为结束学习的仪式。我们睡着了，但大脑并没有休息，它会在睡梦中帮我们整理学过的知识。

醒来马上背书：早上醒来第一件事，将前一天所学，以及睡前背诵的内容再回顾一遍，不需要花费很长时间，几分钟即可。这样不仅能起到很好的复习作用，还能有效地训练我们的记忆力。

四色笔记法

——善用色彩活化右脑

你知道黑、蓝、绿、红四种颜色会对我们的右脑产生什么样的作用吗，用这四种颜色做笔记会有什么效果？四色笔记法将心理学和色彩学相结合，能帮我们提高学习效率。

案例回顾

日本畅销书作家、心理咨询师石井贵士在《1分钟超强记忆法》中指出："记忆的窍门在善用色彩活化右脑。"他提出蓝、黑、绿、红四色对于帮助记忆力的逻辑与理论。右脑被称为"图像脑"，对图像的记忆是左脑的几万倍，灵活地运用颜色可以激发右脑的潜能。

石井贵士认为，从结论上来说，使用蓝色墨水是强化记忆的第一步，因为蓝色在心理学上是连结色。相反的，断绝连结的时候就常常用黑色。

石井贵士进一步建议：彩色笔要买四色：红色、绿色、黑色、蓝色，便利贴也准备这四种颜色，配套准备齐全以后，就可以展开记忆四阶段的学习计划了。

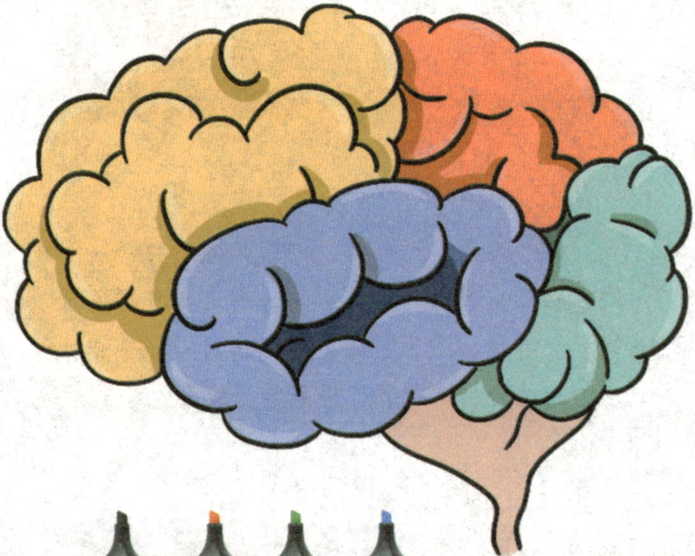

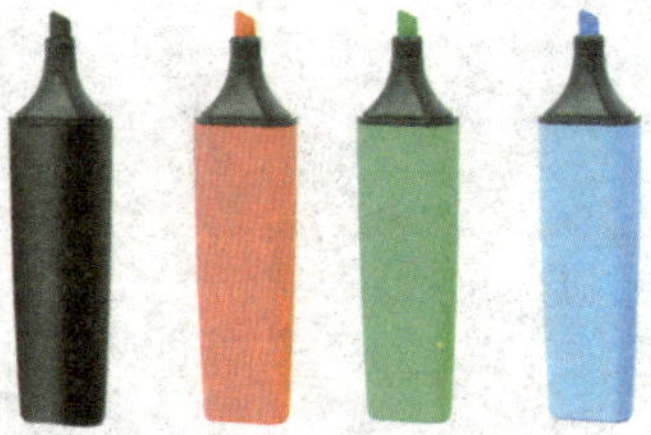

什么是四色笔记法

四色笔记法 是指用黑、蓝、绿、红四种颜色的笔来做笔记，再结合记忆法中各阶段的心理特点，从而精准快速地整理记忆所学知识点的方法。它能有效规范学生的课堂笔记，是检测学生课堂上是否聚精会神以及听课效果的一个凭证。

实操步骤

黑、红、蓝、绿——这四种颜色都是特别醒目的颜色，这四种颜色的笔就能轻松解决我们记笔记的难题，至于在笔记中怎么区分概念、基础、重点、难点，主要是看自己上课认真听讲的状态，根据自己的听课效果，以及对文献内容的掌握情况来选择用什么颜色的笔来记。

实战训练

像绘画一样做笔记

四色笔记法是一种高效又美观的笔记方法，这个方法特别适合手残党，简单易行，效果显著。首先，我们需要准备四种颜色的笔，或者买一支包含这四种颜色的多功能笔。

红色：听课的时候，遇到老师强调容易出错的地方，就用红色的笔标出来，鲜艳的红色就像个小警报器一样，提醒我们不要犯错。如易错易混淆的公式，我们可以用红笔重重地画出来。

蓝色：用蓝笔来标那些需要记忆的要点和比较难理解的知识点，把难点用蓝笔圈起来，告诉自己要好好琢磨。如一些复杂的概念，可以用蓝笔圈出，并写上自己的理解。

绿色：我们可以用绿色的笔来标注需要解决的问题，看着那一片绿色，就像自己种的小花园一样，可以舒心地背诵和记忆。

黑色：黑色代表稳重和全面，我们用黑笔来标记已经记住的知识点，也用黑笔来解答基础的练习题。这样，我们复习的时候，黑色的部分一扫而过，不需要花费过多的时间和精力。

不同色彩的搭配，让原本枯燥的知识笔记变得更有色彩了，更赏心悦目了！同时不同色彩的搭配也给学习增加了灵活性和趣味性。

服务生效应

——没完成的任务印象深刻

如果我们还有没完成的作业，就会特别容易记住这些作业，而且记得特别牢。既然我们已经知道，没有完成的事情会让我们有高度的紧张感，那我们就可以利用它有利的一面。这就是可以帮助我们提高学习效率的服务生效应。

案例回顾

心理学家蔡格尼克曾经做过一个很简单却十分有趣的调查：在餐厅里，服务生一天要接待许多客人，每一桌客人需要的餐点他们都能记住吗？他们对什么人的菜单印象更深刻呢？

饭店的服务生不需要依靠纸和笔，全凭记忆就能记牢哪一桌该上什么菜，并且几乎不出差错。服务生对于那些还没有把菜上全的菜单印象更加深刻。

让人很纳闷的是，如果这一桌的菜已经上全了，在服务生的脑海里就像有一块橡皮，将这些完成的订单都擦掉，他们就很难想起对方点了些什么。如果出现顾客把自己的随身物品落在饭店回去询问服务员的情况，他们却完全不记得顾客之前来这里用过餐，更不记得他坐过哪个位置。

什么是服务生效应

服务生效应 也称为蔡格尼克记忆效应，是指人们天生有一种办事有始有终的驱动力。未完成的任务会引起内心的焦虑，使人难以忘记，而已完成的任务则容易被遗忘。而如果这件事突然中断、没有做完，给自己留下的印象将是最深刻的。这一效应由心理学家蔡格尼克通过实验发现，并因此得名。

实操步骤

当一件事很容易、很快被完成的时候，我们就很难记住它，所以对于重要的事情，应该高效率按部就班地完成。认真当然是必须的，但尽量不要一次性不间断地去做，这样很容易导致做完之后，我们对它的印象变得很淡。其实，一般重要的事情都比较麻烦，不可能会“一下子”就做完，而且人的精力有时也支撑不了长时间的专注。最好的办法是，做到一半时暂时中断，以其他事项打断一下，之后回到这件工作中，这样对工作的记忆反而会更深刻。

1 分解学习内容

将学习内容分解成多个小的任务单元，不要试图一次性完成全部学习任务，可以将其分解为一个个小部分。这样，每个小部分都成为一个独立的任务。

2 设置任务中断点

在完成每个小任务的过程中，可以有意识地设置一个中断点，这个中断点也是一个加深印象的记忆点。大脑会努力记住这个中断点，从而加深对学习内容的印象。

3 规避消极作用

凡事都有双面性，因未完成而产生的压迫感会影响到我们的学习状态，我们可以在手机备忘录里设好提醒，把这件事先“放下”，我们就不会再被它困扰了。

用服务生效应提升记忆效果

服务生效应在学习和生活中非常常见，未完成的任务会让人持续惦记，已完成的任务则容易被遗忘，这个效应可以应用于提升记忆效果和学习行动力。

分解学习内容：例如，我们在学习语文时，可能需要背诵很多篇课文。这么多内容我们不可能一下子全部记住，我们就可以将课文分成几个小部分，篇幅短的课文一篇就是一个最小单元，篇幅长的课文可以分成两到三个小单元。

设置任务中断点：比如，每背诵完一个小单元的课文后，就暂停一下，去做一些其他简单的事情，如喝口水或者整理一下书桌。也可以利用前面介绍过的番茄钟时间学习法来分割任务。这样，大脑就会将每一单元的背诵视为一个未完成的任务，利用未完成任务带来的焦虑感，加深对课文内容的记忆。

规避消极作用：如果我们的任务过多或者因不可抗力而无法完成任务，这个没完成的任务就会给我们带来强大的压迫感，影响到我们的状态和效率，让我们的注意力不集中。我们可以将这个未完成的任务记录在备忘录或者时间表内，这时候我们的大脑就会把这件事先“放下”，我们就不会再被它产生的压力困扰了。

利用好“服务生效应”的好处，规避它的坏处，我们的工作和学习效率就会有很大的提升。

有趣的『圈点预习法』
——提前找到学习的地图

课前预习可是提高学习效率的超级法宝，就像在探险前先拿到了地图一样。这样在老师讲课的时候，我们就能更加有针对性地听讲，达到事半功倍的效果。那么，到底该怎么预习呢？圈点预习法是个不错的选择。

案例回顾

课间，小麦瞥见乐乐的课本上画了很多不同的符号。他好奇地问道：“你课本上画的是什么呀？”

乐乐瞄了一眼小麦手中的课本说：“这些是我预习时做的标注。”

小麦问乐乐：“这些圈圈点点的标注看起来好复杂啊，它们都有什么含义呀？”

乐乐拿过课本，指着上面的标注滔滔不绝地说：“用圆点标注的是课文中的生字，用三角形标注的是课文中的关键词语，画波浪线的是课文中的重点语句，画问号的是没搞明白的问题。”

小麦惊讶地说：“这么多不同的符号你能记清楚吗？不会搞混吗？”

乐乐说：“这些符号我用了好久，已经形成习惯了，一看到符号头脑中立刻反射出它代表的含义，你们也可以使用自己习惯的符号，只要自己清楚含义就行啦。”

小麦说：“我可以用铅笔在旁边记录下问题，而遇到重点句子用彩笔画出来。”

什么是圈点预习法

在预习课文时，我们要像小侦探一样，用一套符号圈点勾画字、词、句、段，把重点、难点和疑点都标记出来。其中的“圈”指圈出文中的生字、新词；“标”指标出文章的自然段、生僻字的读音；“记”指把自己对文章的某些内容的见解、疑问等写在旁边的空白处。

实操步骤

圈点预习法其实就是一种在预习时，通过在书本上做标记（比如，圈出重要的内容、点出不懂的地方）来提高学习效率的方法。简单来说，就是在预习的时候，用不同的符号，把重点、难点和有疑问的地方标记出来。这种方法能让我们的学习变得更加有趣和高效，具体步骤如下。

思维导图

1. **标**：首先，可用铅笔把课文的自然段序号标出来。
2. **读**：然后，把课文读3~4遍，要读得正确、流利，还要有感情。
3. **圈**：接着，圈出生字词和重要的成语，这更有针对性。
4. **写**：把生字写一遍，包括拼音、部首、笔画数，组两个词，必要时写批注。
5. **思**：最后，概括课文的主要内容，还要思考课后习题。

用圈点预习法预习《风筝》

在预习课文时，使用圈点预习法可以帮助我们更好地理解和记忆课文的重点内容。通过特定的符号标记字、词、句、段，可以标示其重要性或难点。我们试着用圈点预习法来预习鲁迅的《风筝》一课。

读、标：通读课文，标画段落。例如，全文共十二个自然段，可分为四部分。第一段为第一部分，见景生情，第二至四自然段为第二部分，包含两层意思，第五至十一自然段为第三部分，也有两层意思，第十二自然段为第四部分，总结全文。

圈：圈出生字、词。在课文中圈画出这些词“伶仃”“肃杀”“诀别”“瑟缩”“苦心孤诣”，查词典了解其含义，并联系课文，理解这些词在文中的意义和作用。

写：把圈画的字词写在笔记本上，写出文中的精彩句子，在句子旁边写下自己的评注。把有疑问和不理解的问题也写下来，并写出自己对于这些问题的疑惑和思考。

思：联系文章的写作背景，分析本文的结构和主题思想。深刻理解作者是如何以回忆开篇，通过追忆幼年时代喜爱风筝的小兄弟，揭露封建的伦理道德和教育思想对儿童心灵的摧残，以及表现作者的自我批评精神的。

用符号、图案记笔记

——自我编码与解码

我们有时候翻看自己的听课笔记，会发现有些地方根本看不懂，不明白自己记录时的目的和想法，给复习与知识巩固造成困难。这是因为我们在匆忙的情况下记笔记，没在头脑中留下深刻的印象，善用符号和图案笔记法可以解决这个问题。

案例回顾

政治课堂上，老师在讲台上滔滔不绝地讲述，丽娜拼命在笔记本上记录着，她用最快的速度运笔，想要把老师讲的每个字都记下来。但是她的手腕都酸痛了，笔尖仿佛要把纸摩擦出火花来，写出来的字好像要散架飞出去，仍旧跟不上老师的语速，好几处老师强调的重点都没有记下来。她一直低头记录，无暇抬头看老师的板书，脑子也没办法思考老师的提问。

而丽娜的同桌志强却无丝毫忙乱，他眼睛盯着老师的板书，手里悠闲地转笔，偶尔才在本子上勾画记录。他完全跟得上老师的思路，总是能快速准确地回答老师的提问。

下课后，丽娜沮丧地向志强借笔记，却发现志强的笔记只记录了几个简略的要点和一些奇怪的符号和图形，还有许多空行。

志强说，这些符号和图形有他自创的，也有从其他学科借鉴的，每个符号都有它代表的含义，例如，“∵”表示原因，“∴”表示结果，用这些简略的符号能够快速记录老师讲述的内容，课后根据这些符号和听课的记忆在空行处补充出完整的笔记。

丽娜听了如醍醐灌顶，赞叹这个方法好，既能把笔记记清楚，又不耽误看板书、思考。

什么是符号笔记法

符号笔记法 是一种通过运用符号来掌握知识重点的方法。符号的使用没有统一标准，通常用下划线或三角等图形画重点以加深印象。在运用符号笔记法时，也可以使用多种颜色的笔以起到辅助效果。具体符号代表什么意思需要自己决定，形成一套稳定的符号系统。

实操步骤

听讲的环节需要紧跟着老师讲课的节奏，如果一字一句地记录老师讲述的内容，速度会很慢，使用符号做标记就可以大大节省记笔记的时间，空出来的时间就可以更好地认真听讲了。具体的符号记笔记方法分 4 步进行：

实战训练

用符号笔记法记政治笔记

汉字因为笔画比较多，记录起来会比较耗费时间，而且容易记录得密密麻麻不便于后期复习，我们可以自己编制一套简便的符号来记笔记。

固定符号含义：第一步制定自己熟悉的各种符号，比如，使用直线代表重点记忆的知识，双线代表重点概念和定义，方框或者大括号可以表示本章考点，问号就代表疑难点。开始时可以将这些符号和对应的含义写在一张纸上，时常看一看，直到熟悉并记牢，看到符号就能联想到含义。

小结后再做记号：听讲时，要分清老师是在讲一个新的问题，还是只是用不同的语言说明同一个问题，只有等老师讲完一个段落或部分以后再记，才不至于抓住那些一眼看上去仿佛很重要，其实却是重复的内容。

留出空行：讲课速度要比记录速度快一些，我们可以在笔记上留出空行，表示此处有缺漏、跳跃、省略等情况，课后立即抓紧时间，趁热打铁，对照书本、笔记，及时回忆有关信息，及时做补充，使笔记更完整。

善于选择：有时候一整段话的重点可以只标记关键词和难理解的语句，如果记的符号太多反而不能突出重点。如记录马列主义传入的历史，只记录时间和主要人物名字简写即可。

“五到”听课法

——调动手、眼、口、耳、心

为什么上课时老师会不断提醒同学认真听讲、不要走神？为什么全神贯注听讲的效果要比自己钻研效果好得多？这是因为我们的眼睛、耳朵、嘴巴、手和心都是我们学习的小帮手，它们团结起来就是一个高效学习的团队。

案例回顾

1986 年上海市高考理科第一名王峻在他的学习方法分享中提到：许多人相信“题海战术”，认为只要做足够多的题，就能应对考试。这种方法违背了学习知识的初衷。学习的关键在于理解，每堂课都要确保真正掌握老师教授的内容，不留下任何疑问。

王峻会在课堂上集中全部注意力，运用“五到听课法”，高效地听讲和思考。每堂课的 45 分钟王峻都是集中全部注意力，耳到、眼到、口到、心到、手到，多种感觉器官并用，多种身体部位参与，自然加强了上课的主动性，处理信息的能力也加强了。通过高效地听讲、记录和思考，王峻往往当堂就能理解并掌握所学的内容。一旦碰上弄不懂的地方，他就及时请教老师，必定要搞得一清二楚，回家后，通过练习题来巩固知识，就不容易忘记了。这样，步步为营，不欠账，成绩自然稳中有升。

什么是“五到”听课法

五到听课法 是一种提高听课效率的方法，通过五个方面的参与来全方位刺激大脑，从而提高学习效果。这五个方面分别是：眼到、耳到、口到、手到、心到，就是指眼、耳、口、手、脑都要动起来，多种感觉器官并用，多种身体部位全部参与听课活动。

实操步骤

五到听课法要求我们全神贯注，灵活地根据课堂情境和老师要求，适时调整听课方法。这种听课方法，是效率最高的听课方法之一。该方法的具体操作步骤如下。

思维导图

1. **手到**：积极记录，巩固记忆。“手到”是五到听课法的第一步，我们应该积极动手，做好笔记。
2. **眼到**：专注观察，捕捉细节。在听课过程中保持专注，仔细观察老师的动作、表情和板书内容。
3. **口到**：积极提问，互动交流。在课堂上积极提问和回答问题。
4. **耳到**：认真倾听，捕捉信息。“耳到”是五到听课法中的基础步骤，认真倾听老师的讲解和同学的发言。
5. **心到**：深入思考，理解知识。“心到”是五到听课法的核心，通过深入思考形成自己的理解和认识。

用“五到”法去学习

五到听课法不仅适用于听课环节，还可以贯穿整个学习过程。通过手到、眼到、口到、耳到、心到的全面参与，我们可以形成一个良性循环的学习方法。

手到：课前做好预习笔记，上课时记录老师的讲解思路、强调的重点和板书内容。可以使用康奈尔笔记法来整理笔记，方便复习。

耳到：认真聆听老师的讲解，注意听老师的解题思路和解题过程。同时，也要听同学们的提问和讨论，这样可以更好地理解问题。

眼到：观察老师的表情和动作，注意老师的板书内容。阅读课本和其他资料，参考同学的笔记，这样可以更好地把握学习内容的重点和难点。

口到：积极回答问题，参与课堂讨论，大胆提问。复述老师讲的重点内容，背诵重要的概念和定理，这样可以加深对知识的理解。

心到：动脑思考，积极思考老师讲解的内容，理解知识的内在联系。检查笔记是否清晰，确保完全理解老师讲解的内容。

通过这种良性循环的学习方法，我们可以实现高效学习并取得优异的成绩。

提问学习法

——以问题为导向

我们往往有这样的经历，考试前突击学习一阵，考试结束了，很多知识又还给老师了。因为我们是为了应付考试而死记硬背这些知识点的，并没有真正搞懂。但如果为了解决一个实际问题，我们对相关知识就有迫切的需求，自然主动性更强，记得也更牢固了。

案例回顾

提问学习最早来自苏格拉底，这位古希腊哲学家因身为柏拉图的老师而闻名，他的教学方法主要是采用对话和提问的方式，这一方法也被称为苏格拉底问答法。

有一天，苏格拉底在雅典城邦问拉凯斯将军："什么是勇敢？"

将军："艰难时刻坚守阵地就是勇敢。"

苏格拉底："如果战略要求撤退呢？"

将军："那就不要使事情变得愚蠢。"

苏格拉底："所以，你认为勇敢既是坚守阵地又不是坚守阵地？"

将军："也许吧，我也不知道。"

苏格拉底："也许我们可以尝试说，勇敢是在艰苦的时候保持镇定并做出正确的判断。"

这就是一个典型的苏格拉底问答法。苏格拉底问答法就是不断地提出问题，努力剖析某一主张或观点，通过与学生讨论，注重逻辑推理和辩证思考，消除错误、模糊的认识，帮助学生思考，从而得出正确的答案。

什么是提问学习法

提问学习法 是以具体问题为导向，通过提出问题或挑战来激发自己主动学习的能力，从而达到更好效果的学习方法。我们不再仅仅被动接受知识，而是通过自我探究和思考，去理解和运用所学的知识。

实操步骤

提问学习法是一种非常有效的方法，以解决问题为目的进行主动学习、探索与实践。它打破传统的被动接受知识的学习模式，强调通过提问来激发思考、引导探究和促进知识的内化。其具体步骤如下。

实战训练

用提问学习法来分析刘邦

中学历史必定要学的《史记》，传统教学是怎么学的呢？背司马迁的生卒年份，朗读节选，给《史记》里面的主要人物做个表格等。

用提问学习法来学习《史记》，该怎么学？

发现问题： 首先，我们发现，课本中对刘邦的介绍过于简单，无法对这个历史人物的有客观准确的认识。

分析问题： 假如要给刘邦写简历，得对刘邦的生平背景足够了解，有哪些经历，擅长做什么，在社会上有哪些人脉资源。还要了解刘邦应聘的什么工作，这个工作需要什么能力。

解决问题： 我们可以把自己代入到刘邦的立场上去，综合分析自身的优势，完成一次自我推销。在完成自我推销的过程中，我们会加深对这位西汉开国皇帝的了解，让这个人物更立体、丰满。

反思与评价： 我们把自己心目中的刘邦描述给老师或同学，看他们是否认同。如果不认同，我们进行反思，确定是否需要完善和改进简历。

模仿学习法

——模仿他人的学习方法

在提倡创新的今天，我们都害怕被人指责自己的行为、作品是模仿，也尽量避免模仿。其实，模仿不是照抄，是在思考学习的过程中发展出个人特点，然后“青出于蓝而胜于蓝”！因此，我们不要害怕模仿，而应该大方地模仿。

案例回顾

从及格到满分，“斜杠青年”富兰克林的写作秘诀仅有两个字，那就是模仿。

在刚开始写作时，富兰克林其实也只是个普普通通的写作者，仅能够把句子写通顺罢了。

之后，虽然没有老师指导，但富兰克林靠自学，飞速提高了写作水平，他靠的就是模仿。

偶然间，富兰克林看到了一卷残缺不全的《观察者》，他认为：“文章写得极好，如果可能的话，我还很想模仿他。”富兰克林为了提高写作能力，选择模仿《观察者》。而他训练文笔的第一步就是，将《观察者》反反复复阅读很多遍。第二步就是模仿、重现。富兰克林在仿写完后，会将自己写的内容与原文加以对比，发现问题，然后加以纠正。比如，他发现自己词汇贫乏，做不到招之即来、运用自如，他就用坚持写诗的方法练习。之后，富兰克林经过逐步练习，最终实现了写作水平的跨越式提升。

什么是模仿学习法

模仿是人的天性，这是社会心理现象，是人类学习的重要机制和社会学习形式。模仿学习法是一种通过观察和模仿他人的学习策略或行为，将其转化为个人技能的方法，有助于快速吸收和应用新知识。

实操步骤

在人类的学习历程中，模仿一直是一种高效且普遍的学习方式。通过模仿，总结提炼他人经验中的精华部分，形成自己的知识体系。

寻找一个或几个在某个领域表现优秀的榜样，确保他们的风格和行为是我们欣赏并希望模仿的。

分析榜样成功的关键因素，包括他们的技能、习惯、思维方式以及面对挑战时的应对策略，分析他们的行为背后的原因和动机，以便能更好地模仿他们的行为。

尝试将模仿所学的技能或行为方式应用到实际生活中，并根据自己的需要进行创新和改进。再次加工后，形成自己的知识体系。

尝试模仿榜样的基本行为和技能，这可能需要一些练习和反复尝试。

用模仿学习法提升写作水平

学习其实有一个捷径，那就是模仿高手，站在巨人的肩膀上，自然能得到最快的提升。这种模仿高手的方式，就是富兰克林在他的自传中提到的写作训练方式，我们也可以通过模仿学习来提升自己的写作水平。

确定模仿对象：在写文章之前，需要读。那读什么样的文章呢？比如，我们想要投稿某个公众号，就去寻找目标公众号中的优质文章，找那些高于平均阅读量和点赞量的内容。我们可以根据自己写作的目的筛选模仿借鉴的文章。

分析成功原因：反复阅读喜欢的文章，并对选题进行拆解。找到文章的核心内容，思考选题的基本逻辑和焦点。将标题的关键字提取出来，制作成自己的标题模板。拆解金句，分析出属于自己的金句模板。

尝试模仿和练习：理解了作者的想法和意图，我们选几篇文章，写出每篇文章的要旨，先搁置几天，然后不看书，试着用贴切的字句详尽地表达每个要旨，争取向原文靠拢。注意，模仿不是抄袭和洗稿，这只是我们学习和练习的一种方式。

形成知识体系：找到与原文的差异，才会知道自己写作到底是哪里出现了问题，然后加以纠正。每个人在写作中出现的问题都不尽相同，我们需要做的是找到自己的问题，并给出有针对性的解决策略。这样长期练习下来，我们的写作水平会不断地提升。

互动式学习法

——在实践中学习

一上课，就止不住打瞌睡；一看书，脑子就开始疼；一刷题，就忍不住想玩手机……不是不想学，而是根本学不进去。这是因为我们没有在学习中体会到快乐，没有掌握互动式学习的方法。

案例回顾

我们喜欢玩的游戏，如《植物大战僵尸》、狼人杀，以及各类真人密室，无不创设了一个吸引人的情境，在学习《巡航机器人》时，也可以和组员一起创设科学实验室研究的情境。

组员们经商议分配角色，分别设置了操作员、记录员和观察员：操作员动手实验，观察员观察实验现象，记录员记录实验结果。通过动手实践，体会科学家实验中的“实验—观察—记录”的过程。

在此过程中，学生了解到，科学家们不只是在沉闷的实验室里活动，还会在公开场合演讲和展示，学生也受到鼓舞，尝试大胆演讲和展示。

在这个过程中还有很多不足之处，由于技能的掌握不扎实、对于知识的理解不够到位、对于角色体验的环节并不非常熟练，组员经历了很多挫折。

但是组员间互相学习、讨论，掌握了程序搭建的小技巧，不断修改设计稿、调整程序、审核产品，优化了自己组内程序的搭建。经过一次又一次的失败和改进，当最后成功时，组员的喜悦是加倍的。

什么是互动式学习法

互动式学习法 以参与合作和交流为核心，创造一个积极互动的学习环境，通过小组讨论、游戏化学习、角色扮演等方式激发主动参与的积极性，使学习过程变得更加动态和有效，提高学习效率。这种方法与传统教学的区别在于，它更注重学习者的参与度，让知识的获取变得更有吸引力，更能调动学习者的积极性。这不仅使学习过程更加生动有趣，还能加深学习者对知识的理解和记忆。

实操步骤

在互动学习中，交流是至关重要的环节。通过交流，我们能够分享自己的想法和经验，倾听他人的观点和建议，拓宽自己的视野和思维，不仅能增加学习的乐趣，还能提高学习效率和参与度。互动式学习模式可以分为以下步骤。

创造学习环境

创造积极的学习环境是提升互动学习效果的基础。一个开放、包容的学习环境能够鼓励我们自由表达观点、参与互动。

小组合作学习

小组讨论是互动式学习中常用的一种方法。同学们分成小组，组员们一起解决问题或完成项目，可以促进彼此之间的交流和协作。

角色扮演

组员扮演不同角色，发表不同的观点，体验不同的身份，促进自己的思维和情感发展。

反馈和评估

及时和有效的反馈能够帮助我们了解自己的学习进度和不足之处，从而进行有针对性地改进。

一堂生动的互动式生物课

在生物课上，老师在讲解动物细胞和植物细胞的分裂过程时，学生提出问题："动物细胞和植物细胞的分裂过程有什么异同？"老师便设计了"生态系统研究"项目，让学生自己找答案。

创设情景：老师把同学们带到生物实验室，并告诉同学们，这里的所有设备和实验材料都可以自由使用。实验材料包括动物细胞和植物细胞样本，以及显微镜等观察工具。

小组合作：由于每一台显微镜至少需要四人操作、观察与记录等，同学便每五人一组，开始在教师的指导下，进行观察动物细胞和植物细胞分裂的实验。

角色扮演：有的组员扮演操作员，操作显微镜；有的组员扮演观察员，利用显微镜观察动物细胞和植物细胞的分裂过程。有的组员扮演记录员，记录下关键步骤和现象。每个组员都有具体的角色和责任。

反馈和评估：学生根据实验观察结果，分析动物细胞和植物细胞分裂过程的异同，讨论并得出结论。学生将实验结果和分析结论进行交流分享，互相提问，讨论问题的解决方案。

在实验过程中，学生主动参与到对细胞分裂的学习过程中，培养了观察、思考、分析问题的能力，学会了合作与交流，提高了解决问题的能力。

间隔复习法

——掌握学习的节奏

我们读一本书时，可能会标注重点，或者做些笔记，但从不复习。我们想当然地认为，即便不能准确地记住大部分内容，但重要的信息也能不知不觉地融入我们的知识体系。然而，这种想法大多只是自我安慰罢了。没有间隔性的复习，我们什么都记不住。

案例回顾

郭沫若是我国现代文化史上一位才学卓著的文豪，他在文学艺术、历史考古、古文字学等方面都有重要建树，他曾说，在学习过程中，对知识有所遗忘是正常的。唯有把握复习的技巧，才能最大限度地避免遗忘。

郭沫若在读书时，老师讲历史课——《十六国春秋》，其中有许多胡人的名字，跟外国人的名字一样，非常难记，因而记人名便成为当时历史课的一只“拦路虎”。为了克服这个困难，郭沫若约了一位要好的同学躲进一间阴暗的自修室里，两人苦读硬记，进行比赛，直到把整本历史课本一字一句背得滚瓜烂熟才走出屋子。

第二天，二人又来到这里，复习前一天背过的内容。他们这样持续了一个月，终于战胜了“拦路虎”。

在后来的日子里，即使在年假期间，郭沫若也手不释卷，天天苦读。有一年年假期间，他把太史公司马迁写的《史记》，从头到尾通读了一遍，并一篇一篇地进行分析、在旁边写下批注，连《伯夷列传》里有一句被历代注家解释错了的话，他都在阅读过程中发现了并加以校正。

什么是间隔复习学习法

间隔复习 是一种基于艾宾浩斯遗忘曲线的高效学习和记忆策略。它的核心理念是：在学习新知识后，不是急于一次性地复习，而是有计划地在不同的时间段内反复复习。这种方法不仅避免了学习的单调性，还能显著提升记忆的持久性。

实操步骤

间隔复习法是一种通过在不同时间节点重复接触学习材料来巩固记忆，让知识点牢牢印在脑海里的学习方法。这种方法的核心在于巧妙地设置复习的时间间隔。这个时间间隔可以根据学习材料的复杂程度和个人的记忆能力来适当调整，使之逐渐增加。具体步骤如下。

思维导图

1. **制订计划**：根据艾宾浩斯遗忘曲线，安排复习时间点。
2. **工具辅助**：比如，使用日历、提醒事项或者专门的学习 App 来帮助跟踪复习计划。
3. **间隔复习**：按照一定的间隔进行复习。结合不同的学习材料和方式，使复习更加有趣和高效。
4. **回忆自测**：每次复习时尝试闭眼回忆内容，并自己制作测试题进行自我测试，找出薄弱点进行针对性复习。
5. **注意事项**：开始时，复习间隔可以短一些，比如，学习后的几小时或第二天开始复习。随着记忆的加深，间隔可以逐渐延长，如一周后、半个月后再次复习。

用间隔复习法备考数学

大宝在学习数学时，非常喜欢做题，但效果不是太好。究其原因，就是不管是否理解数学知识和方法，只是一味闷头做练习题。期末了，老师建议大宝运用间隔复习法，在复习数学时，要在知识的认知过程中，通过问题的解决形成自己的复习主线，并适当练习加以巩固。

制订复习计划：大宝根据自己掌握数学的水平制订了一个明确的学习计划，包括学习时间、复习时间等。

使用工具辅助：大宝制作了自己的间隔式重复学习表，先整理一个每日学习内容的记录表，在表格里记录复习时间，根据掌握情况标记不同颜色：绿色表示“熟悉”，红色代表“完全不理解”，一知半解就标黄色，理想的状态是都变为绿色。

间隔复习：考前1个月，大宝两次复习的间隔时间为一星期，当距离考试时间只剩一星期时，大宝把两次复习间隔时间调整为隔天一次，每复习一遍就在学习表里记录一下自己的掌握情况。大宝还制作了抽认卡，每张卡片都包含一个问题和对应的答案。

积极回忆和自测：大宝每次复习时先看卡片正面的问题，闭眼回忆内容，再翻到背面查看正确答案，并自己出测试题进行自我测试，找出薄弱点进行针对性复习。

大宝经常查看自己的学习记录表，随着复习次数的增加，红色越来越少，绿色越来越多。